Comtesse de GÉP

L'ORAISON

dans la " Petite Voie "

de

THÉRÈSE DE LISIEUX

(L'Expérience religieuse de la Sainte et G. Clemenceau)

« Priant en esprit en tous temps »
Ephés., chap. 6, v. 18.

Lettres à ma fille cloîtrée

PARIS
PAUL LEYMARIE, Editeur
42, Rue Saint-Jacques, 42

1928

L'ORAISON

dans la « Petite Voie »

de

THÉRÈSE DE LISIEUX

Comtesse de GÉPI

L'ORAISON

dans la " Petite Voie "

de

THÉRÈSE DE LISIEUX

(L'Expérience religieuse de la Sainte et G. Clemenceau)

*« Priant en **esprit** en tous temps »*
Éphés., chap. 6, v. 18.

Lettres à ma fille cloîtrée

PARIS
PAUL LEYMARIE, Éditeur
42, Rue Saint-Jacques, 42

1928

TABLE DES MATIÈRES

PREFACE

Madame la Comtesse.

Sur la petite table de ma cellule vous voyez *l'Histoire d'une Âme et le Saint Évangile*. Les passages et versets cités dans vos lettres sont scrupuleusement confrontés.

Au cher parloir, vous m'entretenez souvent de « l'Oraison », de l'esprit d'oraison dont doit vivre l'âme religieuse. Consentez donc, ô la plus complaisante des Mamans, le pieux caprice de votre fille. N'est-elle pas l'âme idéale dont vous êtes si fière ? Ce corps, divinisé depuis mes noces spirituelles du 8 septembre, n'est-il pas démesurément aimé par votre cœur maternel ? Quel est ce caprice ? « Voir vos lettres imprimées ».

À vos yeux mes désirs sont des ordres, mes prières des exaucements. Ma curiosité, cloîtrée

mais d'autant plus éveillée, goûtera davantage
encore ce fruit délicieusement spirituel de votre
pensée et de votre cœur sur « l'Oraison ».

Votre fille,

Th. de G.

Ma chère fille,

C'est l'affection filiale qui a jugé mon travail
et non l'intelligence de la sœur Th. de G. Tout
serait si thérésien dans ce petit traité sur
l'Oraison ? Les lignes si filialement appré-
ciées et louées ont-elles porté ma chère fille à
faire un seul acte d'humilité envers Dieu, un
acte d'amour envers l'Epoux céleste : Jésus-
Christ ? Si oui, je commence dès ce soir à m'occuper de l'impression si impérieusement de-
mandée. Puisse la lecture des lettres imprimées disposer le cœur de celle que j'aime le
plus au monde à faire un « deuxième » acte
d'amour divin !

Comtesse de Gépi.

CHAPITRE PREMIER

—

Qu'est-ce donc que faire Oraison ?

———

L'on peut se demander pourquoi St-Paul, s'adressant aux chrétiens d'Ephèse, les exhorte à prier « en esprit-in spiritu ».

Les adeptes de toutes les religions anciennes savaient prier des lèvres. Ils possédaient des formules de prières ; les récitaient durant les cérémonies religieuses. Le mot latin « orare », dont nous avons tiré le substantif « Oraison, faire oraison » veut dire : parler, plaider. « Orandi nescius » est traduit dans Tacite par : qui ne sait pas parler.

On peut donc s'adresser à la Divinité en paroles seulement. C'est là prier dans le sens ordinaire

du mot latin « orare ; ce n'est pas nécessaire-
ment faire sa prière « en esprit-in spiritu ».

N. Seigneur fait la distinction entre la prière
vocalisée simplement du bout des lèvres... et
cette autre, jaillissant de la pensée et du cœur.
« Ce peuple », dit-il en parlant des Juifs,
« m'honore des lèvres mais son cœur est loin
de moi » (Marc, chap. VII, v. 6).

Le grand Apôtre avait conscience de la mission que Jésus-Christ venait de lui conférer sur
le chemin de Damas. En quoi consiste-t-elle,
cette mission de St-Paul ? N. Seigneur, par la
plume de son évangéliste St-Jean, vous le révèle aujourd'hui comme il l'a fait il y a deux
mille ans à la Samaritaine. « Femme, croyez-
moi, l'heure vient et elle est déjà venue où les
vrais adorateurs adoreront le Père en esprit et
en vérité ; car ce sont de tels adorateurs que le
Père demande. Dieu est esprit, et ceux qui l'adorent doivent l'adorer en esprit et en vérité. »
(Jean, chap. IV, du verset 21 à 25).

Ces paroles du Sauveur constituent une véritable révélation. Jamais fondateur de religion
n'avait parlé de la sorte. Aussi les ennemis, ac-
cusateurs ou railleurs de Jésus, avaient-ils raison de s'étonner ; raison de lui demander si sa
Doctrine n'était pas nouvelle ? (Marc, chap. I,
v. 27).

C'est la prédication de cet enseignement en esprit, de cette « Alliance spirituelle » qui avait été conférée à l'Apôtre des nations. « Dieu que je sers en mon esprit » est l'expression de sa foi chrétienne (Romains, chap. 1, verset 9). A l'assemblée ou église de la ville de Philippes, où pour la première fois St-Paul parle à des Européens, l'Apôtre fait la même profession de foi ou de prière intérieure en esprit. (Chap. III, verset 3). Enfin, dans le texte principal cité à l'en-tête de cet opuscule, il exhorte les chrétiens de la ville d'Ephèse à « prier en esprit en tout temps ».

Or, prier en esprit c'est faire oraison. Et faire oraison, n'est-ce pas cette disposition d'une intelligence et d'un cœur se tournant vers Dieu pour le chercher et s'approcher de Lui ? Pour l'invoquer, le prier, le supplier ; pour le louer, le remercier, l'adorer ?

Faire oraison constitue comme un état de l'âme pieuse ; c'est une amitié consciente avec notre Père qui est aux cieux ; une relation réelle et constante, respectueuse et filiale entre un Père et son enfant.

Cet état de filiation répand, à travers les puissances de notre cité intérieure, un équilibre moral, un bien-être spirituel, une paix profonde telle que seule l'expérience peut faire estimer à sa juste valeur.

Des paroles, des oraisons jaculatoires peuvent extérioriser les sentiments du cœur, elles n'ont plus rien de ces « vaines redites, de ces prières des lèvres » si sévèrement stigmatisées par le Sauveur (Matthieu, chap. VI, verset 7 ; et Marc, chap. VII, verset 6).

Le silence, la parole, les larmes ou les regards ; fléchir le genou ou élever les mains ; tomber la face contre terre ou prier debout... rien qui puisse encore être la manifestation vulgaire du formalisme intellectuel ou religieux. Tout cela est vivant, réel, divin. La relation entre l'âme et son Dieu est devenue consciente, familière, filiale ; elle est de jour et de nuit ; elle est de tous les instants de notre vie quotidienne.

Il est logique de dire : « Qui ne fait pas oraison toute la journée n'en fait pas aux heures prescrites par un Règlement. »

Cette manière d'être en relation d'oraison : avec Dieu, Notre-Seigneur, la Sainte Vierge, les témoins de Jésus qui nous ont devancés... la Sainte de Lisieux a su l'illustrer par une comparaison poétique et charmante, lui rappelant les Buissonnets de sa chère Normandie.

Le petit oiseau (l'âme pieuse) toujours chante :

« Son pain ne l'inquiète pas...
« Un grain de millet le contente
« Jamais il ne sème ici-bas ;
« Comme lui dans notre volière

(Du Carmel ou le temple intérieur du cœur
(1 Corinth. chap. 3, verset 16).

« Nous recevons tout de ta main,
« L'unique chose nécessaire,
« C'est de l'aimer, Enfant Divin ».

(H. d'une Ame, p. 409).

« Dès le matin, je me présenterai devant vous,
Seigneur, s'écrie le Saint Roi David. Et si tout
juif priait trois fois par jour : matin, midi et
soir, le Psalmiste inspiré n'avait pas d'heure
pour entrer en relation avec Jehovah ou faire
oraison. « C'est le jour et la nuit, ô Dieu de mon
salut, que je prie devant Toi » (Psaume 88,
v 1).

« Au milieu de la nuit je me levais pour vous
louer, Seigneur... j'ai parfois devancé l'aurore »
(Ps. 118, verset 62 et 147, Vulgate).

Ecoutez encore comment faisait oraison le
plus grand, le plus incomparable des prophètes...
Isaïe (ou Iahweh sauve) selon la traduction hé-
braïque de son nom. « Mon âme vous a désiré
pendant la nuit, « Et au dedans de moi mon

esprit vous cherchait » (Crampon, chap. 26, v. 9).

De telles expressions révèlent une âme méditative, s'entretenant fréquemment avec son Dieu, se tournant vers Lui dans toutes les circonstances de la vie quotidienne. Isaïe, comprenant que la religion juive des cérémonies et temples extérieurs n'était que l'ombre de la Religion de Jésus-Christ (Hébreux, chap. 10, verset 1), avait commencé 750 ans avant la venue du Sauveur, par chercher Dieu « au dedans de lui, dans le temple de son cœur » (II Corinth., chap. 6, v. 16; chap. 13, v. 5; 1 Pierre, chap. 1, 11).

Je pourrais vous citer tous les prophètes ou missionnés de l'Eternel. Ils étaient avant tout des hommes intérieurs d'oraison. Sans cette communion avec l'Esprit de Dieu, point de mission divine possible. Dans sa deuxième Lamentation, Jérémie, en présence des calamités inouïes dont son peuple se trouvait affligé, n'a qu'un conseil à lui donner : « Epanche ton cœur comme de l'eau devant la face de l'Eternel. » C'est le seul chemin du salut, répète-t-il. Par sa vie d'union ou d'oraison avec Dieu, le prophète avait deviné que la nation juive infidèle et idolâtre, le Seigneur ne pouvait la rejeter pour toujours ; qu'Il avait pour elle des compassions inépuisables, se renouvelant tous les matins » (Lamentations, chap. 2, v. 19 ; chap. 3, v. 22 et 23).

Combien l'histoire de ce peuple choisi, mais rebelle et ingrat à l'excès, est instructive en même temps que consolante. Une longue vie, vécue dans l'incrédulité (le plus grand des péchés, selon St Jean, chap. 16, v. 9 ; Romains, chap. 14, v. 23 ; chap. 11, v. 32) n'a pas épuisé les miséricordieuses bontés de notre Père aux cieux.

Il suffit à l'âme pécheresse de se repentir, d'épancher son cœur devant la face du Seigneur. (Actes, chap. 17, verset 30.) Il lui suffit d'entamer avec ce céleste Ami des pourparlers, qui aboutissent invariablement au pardon, à l'amitié, au salut.

« Jésus oublie nos infidélités », affirme Thérèse (H. p. 371). Page 204, la Sainte écrit : « Ce n'est pas parce que j'ai été préservée du péché mortel que je m'élève à Dieu par la confiance et l'amour. Ah ! je le sens, quand même j'aurais sur la conscience tous les crimes qui se peuvent commettre, je ne perdrais rien de ma confiance ; j'irais le cœur brisé de repentir, me jeter dans les bras de mon Sauveur. Je sais qu'Il chérit l'enfant prodigue, j'ai entendu ses paroles à Sainte Madeleine, à la femme adultère, à la Samaritaine. Non, personne ne pourrait m'effrayer; car je sais à quoi m'en tenir sur son amour et sa miséricorde. Je sais que toute cette multitude d'offenses s'abîmerait en un clin d'œil comme une goutte d'eau dans un brasier ardent. »

Voilà son état d'âme. La Carmélite dévoile les sentiments qui l'animent ; elle nous révèle ses dire à Jésus ; comment elle s'entretient avec Lui; la confiance filiale, enfantine même que revêtent ses pensées et conversations lorsqu'elle fait oraison.

Sans doute, Thérèse de Lisieux assiste régulièrement aux exercices de piété, prescrits par la Règle du Carmel. Il y a des centaines de mille religieux et religieuses qui font de même. Sont-ils saints pour cela ; hélas ! L'immense majorité s'en trouve fort éloignée, vivant dans l'égoïsme, l'amour-propre satisfait et l'esprit d'ambition. Le paraître est fruit du monde.

Une vie apparente de prières et d'oraison ne saurait diviniser des actes d'orgueil.

Interrogée un jour sur sa manière de sanctifier les repas, elle répondit : « Au réfectoire, nous n'avons qu'une seule chose à faire : accomplir cette action si basse avec des pensées élevées. Je vous l'avoue, c'est souvent au réfectoire qu'il me vient les plus douces aspirations d'amour » (Histoire, p. 276).

Ici, nous sommes en face d'une véritable révélation. Ce n'est pas toujours pendant nos moments passés à l'église ; nos heures consacrées à la méditation ou l'oraison... que l'Esprit de Jésus daigne se communiquer à nous. Il a ses heures à Lui, indépendantes des nôtres, ou de celles fixées par un Règlement.

Point n'est besoin de vivre dans un couvent pour être à même de faire oraison. L'homme qui a pris l'habitude de converser avec Dieu ; de l'entretenir de ses projets, soucis et réussites comme on tient au courant un ami fidèle, est un homme d'oraison.

L'action en apparence la plus banale comme le manger, le boire, le dormir, etc... peut, de la sorte, se transformer en un sujet d'entretien avec Dieu ou ses saints ; en une occasion de « faire oraison ».

Cette pensée profonde, si salutaire dans l'exercice de nos occupations quotidiennes, le grand Apôtre veut nous la faire comprendre lorsqu'il écrit aux églises de Corinthe: « Soit donc que vous mangiez, soit que vous buviez, soit que vous fassiez quelque autre chose, faites tout pour la gloire de Dieu » (I Corinth. chap. 10, v. 31).

Ne cessons de le répéter : la vie chrétienne
n'est pas une récitation de longues formules de
prières ; une assistance aux offices ou cérémonies du culte ; encore moins une halte intermi-
nable à l'église. Pour un trop grand nombre de
personnes cependant la piété semble se borner
à cela.

Le christianisme de l'Evangile a quelque chose
de vivant. C'est un esprit de piété, de justice,
de charité, de tempérance... versé abondam-
ment sur toutes nos actions de la journée et de
la vie entière.

D'autre part, nos rapports presque continuels
avec le céleste Père, nos confidences intimes
avec Jésus et ses amis du ciel... finissent par
imprégner nos facultés spirituelles et morales
de ce quadruple esprit, qui fait le disciple du
Christ... qui fait le témoin, l'apôtre, et, au besoin, le martyr.

Voici en terminant ce premier chapitre, un
passage de l'Histoire d'une âme qui résume
notre pensée et l'éclaire d'une lumière autorisée.
« Il n'est point nécessaire, pour être exaucé, de
lire dans un livre une belle formule composée
pour la circonstance ; s'il en était ainsi, que je
serais à plaindre !

En dehors de l'Office divin que je suis heu-

reuse, quoique bien indigne, de réciter chaque
jour, je n'ai pas le courage de m'astreindre à
chercher dans les livres de belles prières ; cela
me fait mal à la tête, il y en a tant ! Et puis,
elles sont toutes plus belles les unes que les
autres ! Ne pouvant donc les réciter toutes, et
ne sachant lesquelles choisir, je fais comme les
enfants qui ne savent pas lire : je dis tout simplement au Bon Dieu ce que je veux lui dire et
toujours il me comprend » (pages 187 et 188).

Ces lignes simples et profondes révèlent chez
Thérèse un état habituel d'oraison. Sa pensée
est occupée de Jésus ; son cœur plutôt que ses
lèvres lui parle, lui confie tout, « se décharge
sur lui », selon le conseil de St Pierre, « de
toutes ses sollicitudes ». Elle avait connu par
expérimentation quotidienne, que Notre Seigneur voulait bien s'occuper de son humble
enfant (I Pierre, chap. 5, verset 7). Aussi Jésus
était-il devenu son confident en toute occasion
son guide et confesseur, son Directeur et Supérieur ; elle l'avoue dans sa biographie, p. 119.

« Je comprends et je sais par expérience, que
« le Royaume de Dieu est au dedans de nous.
« (que l'Esprit du Sauveur habite et vit sans
« cesse en moi (Jean, ch. 14, v. 20 et 23 ; Ga-
« lates, chap. 2, verset 20 ; chap. 4, v. 6). Jésus
« n'a pas besoin de livres ni de docteurs pour

« instruire les âmes ; lui, le Docteur des doc-
« teurs, enseigne sans bruit de paroles (1 Jean,
« chap. 2, v. 27). Jamais je ne l'ai entendu par-
« ler ; mais je sais qu'il est en moi (Jean, chap.
« 15, v. 5 ; Rom. chap. 8, v. 16). A chaque ins-
« tant, Il me guide et m'inspire ; j'aperçois,
« juste au moment où j'en ai besoin, des clartés
« inconnues jusque-là. Ce n'est pas le plus sou-
« vent aux heures de prières qu'elles brillent à
« mes yeux, mais au milieu des occupations de
« la journée » (Histoire d'une Ame, p. 146).

Cette dernière phrase : « Ce n'est pas le plus
souvent aux heures de prières.. », nous ras-
sure, nous qui vivons dans le monde.

Que dans les couvents il y ait des heures consacrées à la méditation et l'oraison... le Règlement le demande. Mais de l'aveu de Thérèse,
les heures de Dieu (il est permis de le répéter)
ne sont pas toujours celles fixées par les
hommes. Cet Esprit divin « souffle quand il lui
plaît et comme il veut » (Saint-Jean, chapitre 3,
verset 8. Hist. p. 299).

Point n'est donc besoin, pour être un homme
d'oraison, de consacrer à cet exercice de
longues heures de prières. Nous avons vu plus
haut, comment Thérèse se trouvait être en
colloque intime avec Jésus, pendant que son
corps mangeait à table. Ailleurs, des lumières

divines lui sont communiquées pendant « ses occupations de la journée » p. 146.

Ne jamais perdre de vue ce principe fondamental de la vie chrétienne : Jésus veut être *tout* dans notre salut. Après avoir aimé les siens jusqu'à mourir pour eux sur la croix, il prétend les avoir sauvés *gratuitement*. (Jean, chap. 13, v. 1 ; Rom. chap. 3, v. 24).

De cette « œuvre incroyable » de bonté et de condescendance, pour répéter les paroles du Prophète Habacuc, chap. 1, v. 5. (Actes, chap. 13, v. 41), Notre Seigneur est comme jaloux. Il veut que nous le reconnaissions *humblement*. « Ton salut », semble-t-il dire à chaque âme sauvée, « est le don de Dieu ». Il ne vient pas de toi, car je ne veux pas que tu aies quelque sujet à te glorifier. Dans mon amour pour toi c'est un salut *gratuit* que je t'offre » Ephés., chap. 2, v. 8 et 9 (ne quis glorietur). Je couronnerai en toi mes « propres dons ». (Rom. chap. 4, v. 4, 5, 6. passage cité par Thérèse, p. 435.

Comment faire pour arriver à cette vie d'oraison ; à cette intimité spirituelle de toute heure du jour et de la nuit avec Jésus-Sauveur ? La réponse à cette question formera le sujet de la 2ᵉ lettre.

CHAPITRE II

—

La Voie qui conduit
à la « Science d'Amour » ou l'Oraison
(page 208 de l'Hist.)

———

Vous enviez le sort de ces âmes pieuses, vivant une vie d'oraison. A votre tour, vous voudriez regarder Jésus comme le Confident de vos joies et peines, de vos soucis et inquiétudes, de vos espérances et désirs. C'est là une bonne, une admirable disposition. Elle témoigne d'une âme qui est déjà parvenue à un certain degré d'oraison. « Vous ne chercheriez pas Dieu, dit « Saint-Augustin, si vous ne l'aviez déjà trouvé ». A propos de l'oraison, l'évêque d'Hippone dirait : « Vous ne désireriez pas d'arriver à la Science d'amour ou la perfection de l'oraison, si vous n'aviez déjà commencé à parcourir cette voie. »

Lisez la vie des saints depuis Antoine de la Thébaïde (dit le Grand) vivant au IV⁰ siècle ; Jean Cassien (le guide spirituel de Saint-Bernard ?) et vivant au V⁰. Saint-Benoît : le patriarche des moines d'Occident, au VI⁰... jusqu'au Curé d'Ars, mort au siècle dernier.

Que trouvez-vous de remarquablement typique chez ces religieux de l'ancien temps ?

Une vie d'austérités corporelles, poussées parfois jusqu'à l'incroyable. L'Antiquité chrétienne, après Constantin, ne concevait la sainteté que sous les dehors d'un ascétisme décourageant.

Les grands hérésiarques de ces mêmes époques s'étaient également présentés à leurs disciples sous la bure ou le cilice d'un homme mortifié. Il est intéressant, sous ce rapport, d'étudier le Manichéisme ; de sonder les mystérieux principes de mortification corporelle, proclamés et souvent pratiqués par les fidèles des 75 sectes, sorties des doctrines dualistes de Manès. Saint-Jérôme nous parle de Marcion qu'il qualifie de « diable ».

Marcion était ce chef manichéen qui « condamna tous les plaisirs qui n'étaient pas purement spirituels ; qui fit de la continence un devoir essentiel et indispensable ; du mariage même, un crime ». (Lire *Dictionnaire des Hérésies* par V. de PERRODIL, t. II, pp. 154 et 155.

Notre coryphée du Manichéisme, ou « diable » défendait encore aux siens l'usage de la viande.

Que pense le grand Apôtre de semblables prescriptions ? Lisez I Thimothée, chap. 4, v. 1 à 6 : « C'est là abandonner la foi, écrit-il, pour s'attacher à des esprits d'erreur, à des doctrines de démons. En effet, conclut Saint Paul : Tout ce que Dieu a créé est bon, et rien n'est à rejeter, pourvu qu'on le prenne avec actions de grâces, parce que tout est sanctifié par la parole de Dieu et par la prière. »

« Tatien » et ses disciples hérétiques tatianistes condamnaient, comme Marcion, l'usage du mariage autant que l'adultère ; ne mangeaient point de la chair des animaux, ne buvaient pas de vin à l'exemple des juifs de la secte des Nazaréens. Pour la sainte Communion même, ils n'offraient que de l'eau ; de là leur nom d'Hydroparastes (même tome, p. 567).

Le célèbre médecin et historien chrétien Abulpharage, mort évêque d'Alep (Syrie) en 1286, nous parle dans son *Histoire Universelle*, de l'hérésiarque Saturnin et de ses nombreux disciples. Eux aussi avaient fait de la continence un point fondamental de leur christianisme, s'abstenant, dans ce but, de « manger de la viande et de tout ce qui pouvait porter à l'amour des femmes.

Le plaisir, disaient-ils, qui portait l'homme
à faire naître un autre homme, était un plaisir
barbare que l'on devait s'interdire.

C'est au diable qu'ils attribuaient la différence
des sexes et que c'est pour cela que les hommes
regardent la nudité comme une chose honteuse.
(De Perrodil, t. II. p. 531)

Les foules se laissent toujours prendre à ces
dehors mortifiés. Aussi les fondateurs de sectes
ont-ils abusé d'un moyen, frappant l'imagina-
tion, mais décourageant les fidèles ou les égarant
dans une voie qui n'était plus celle de Notre
Seigneur et de son Évangile. Notre grande petite Sainte de Lisieux avait pour mission de
réagir contre une telle tendance.

Les principes païens et juifs d'un salut obtenu
par ses propres œuvres, ses macérations et
jeûnes... ses mille et une privations de tout ce
qui semblait convenir à nos sens... devaient logiquement engendrer le Pélagianisme ou semi-
pélagianisme. Le chrétien, hanté par de telles
idées, devait finir par faire dépendre de lui seul
sa vertu et son salut. Il n'avait qu'à le *vouloir*.

Aussi le Manichéisme doublé du Pélagianisme avait-il ouvert la route aux pratiques les
plus abracadabrantes, les plus bizarres, parfois
les plus obscènes. C'est ainsi que les Adamites,
dont nous entretient Saint-Épiphane, avaient

fait de la *nudité* un devoir dans la prière ; ils regardaient cet état comme le plus humiliant, et partant le plus convenable à la prière. Dans son Histoire ecclésiastique en six volumes, le célèbre avocat d'Antioche « Évagre-le-Scholastique » (vie siècle) fait, à son tour, allusion à cette secte : « Quelques-uns des solitaires, dit-il, inventèrent une manière de vivre qui semble être au-dessus de toute la force et toute la patience des hommes. Ils ont choisi un désert exposé aux ardeurs du soleil pour l'habiter. Il y a des hommes et des femmes qui y étaient entrés nus, excepté ce que la pudeur ne permet pas de nommer, y méprisent, dans toutes les saisons, ou les rigueurs du froid, ou l'excès de la chaleur. Ils dédaignent d'user des aliments dont usent les autres hommes, et se contentent de paître comme les bêtes ».

C'est donc plutôt avec respect qu'en parle notre Historien « Évagre », dans son tome 4. chap. 21. Il est à remarquer, d'ailleurs, qu'il n'est relevé aucune erreur sur la foi ou la discipline ecclésiastique contre l'auteur.

Sainte-Marie Égyptienne peut être comptée au nombre de ces solitaires étranges. Pendant 47 ans elle avait mené leur vie, après avoir quitté ses parents à 12 ans et mené une vie de débauche pendant 17 ans. L'abbé Zosime, supérieur d'un monastère situé sur le bord du fleuve Jourdain près duquel vivait, dans la solitude, Marie la pécheresse, avait dû lui jeter son manteau pour être à même de la communier.

L'Eglise, sans doute, réagissait contre de telles exagérations. Hélas ! en vain. Le salut s'obtenant par des macérations et pénitences extraordinaires, il n'y avait plus de limites à tracer à un zèle, que déjà l'Apôtre avait déclaré « non secundum scientiam » non selon la science (évangélique) (Rom. chap. 10, v. 2 et 3).

Le zèle manichéen ou pélagien cherchait inconsciemment à établir sa propre justice par de semblables œuvres (versets 3 et 4).

L'élément païen, juif et boudhiste l'emportait sur la religion spirituelle du Sauveur. Ces sectaires dans la pratique ne tenaient nul compte de la solennelle déclaration de l'Apôtre aux Romains : « Finis enim legis Christus ». Le Christ est la fin de la loi, de l'ancien salut juif ou païen. (Rom., chap. 10, v. 4 et 10, chap. 3, v. 27 et 28).

Saint Jérôme (1), le célèbre traducteur de la Bible dite « Vulgate », a donc un peu desservi l'église chrétienne en traduisant le mot grec

----

(1) Voir l'auteur récent « Jules Séverin ». *Les Saints Evangiles* (Luc, chap. 13, v. 3 et 5. Crampon, édition 1923).

« μετάνοια μετανοεῖτε » par pénitence, faire pénitence.
C'est par repentir, se repentir qu'il eût fallu les
traduire.

Les foules ignorantes, toujours plus portées
à voir le côté matériel et sensible des choses
les plus spirituelles, avaient aussitôt compris
que pour « ne pas périr », il fallait faire pénitence. Or, elles donnaient à cette expression le
sens païen et boudhiste, tel que l'avaient compris et pratiqué les innombrables sectateurs de
Manès, dans les premiers siècles de l'église ; tel
que le comprennent encore de nos jours, les
fakirs ou grands jeûneurs de l'Orient musul-
man, boudhiste ou lamaïste (Luc, chap. 13, versets 3 et 5).

Cet esprit manichéen avait un peu envahi les
églises chrétiennes. Elles n'ont jamais su se débarrasser entièrement de cette tunique empoisonnée de Nessus. C'est encore à cet esprit,
doublé de l'idée pélagienne d'un salut par ses
propres forces, qu'il faut attribuer cette pullu-
lation de sectes au moyen âge. Le principe fondamental de leurs nouvelles croyances se résume en des pratiques de mortification non seulement du palais mais encore du sexe. Nous
l'avons vu plus haut. Au XIII⁰ siècle, nous
voyons la secte des Flagellants, très répandue
en Italie, à cette époque « plongée dans toutes

sortes de crimes et de vices », au dire de notre auteur : Perrodil.

« La crainte du dernier jugement les avait tellement saisis, que nobles, roturiers de tout état se mettent tout nus et marchent par les rues en procession : chacun avait son fouet à la main et se fustigeait les épaules jusqu'à ce que le sang en sortit ; ils poussaient des plaintes et des soupirs, et versaient des torrents de larmes... » (Auteur cité, t. 1, page 424).

Le XIVe siècle est témoin de l'apparition des « Fraticelles ou Frérots ». Eux, en disciples de Saint François qu'ils continuaient de reconnaître comme leur chef spirituel, faisaient consister la perfection dans le renoncement absolu de la propriété... Comme jadis, les Eunuques ou Valésiens dans le renoncement absolu de toute sensation voluptueuse de la chair (1).

L'Evangile est un code de charité, de bienfaisance et de libéralité (Hébreux, chap. 13, v. 16). Dieu aime celui qui donne joyeusement (hilarem enim datorem diligit Deus). II Corinth., chap. 9, verset 7). Or, pour donner il faut avoir. L'Evangile ne défend pas de posséder

-----

(1) Lire la question du « Pain des Cordeliers » sous Jean XXII, où il s'agissait de savoir si le pain, dans la bouche, appartenait a celui qui le mangeait ou au pape.

mais l'attachement excessif dans la possession des biens matériels. Bienheureux les chrétiens, qui par la pratique de la charité, montrent un esprit détaché, et partant pauvre. Bienheureux, ceux qui s'abandonnent, dans toutes les circonstances bonnes ou mauvaises de la vie, à la Providence paternelle pour prouver à Jésus qu'ils ne sont attachés, d'une façon égoïste, à rien ici-bas. Pour rester pauvres en esprit, ils savent se renoncer « en toutes choses ». (Hist. d'une Ame. page 275).

« Omnia mihi licent !... » Tout m'est permis, mais je ne serai l'esclave de rien. (Matth., chap. 5, v. 3 ; I Corinth, ch. 6, v. 12).

En face de ces voies extraordinaires de jeûnes, de macérations, de nudité flagellée, de vie parfois semblable à celle des bêtes (Marie l'Egyptienne ?)... Quelle est la voie montrée par notre sainte de Lisieux, pour arriver à la « Science d'Amour » ou la vie d'oraison ?

C'est la voie parfaite et indispensable, proclamée par Jésus-Christ Lui-même lorsqu'Il dit : « Quiconque ne recevra pas le Royaume de Dieu comme un petit enfant, n'y entrera point » (Marc, chap. 10, v. 15).

En d'autres termes, c'est par l'esprit d'humilité, d'abandon filial, de renoncement à l'amour-propre satisfait pour rester petit... que l'homme arrive à la possession de la *vie d'oraison ou la science d'amour*. « Notre Seigneur donne en Dieu, dit Thérèse, mais il veut l'humilité du cœur » (Histoire, p. 337).

Il donne gratuitement le don d'oraison, le don de vivre presque constamment en communion avec son Esprit... mais il ne les donne, ne peut les donner qu'à l'homme qui met en pratique son divin conseil : « Apprenez de moi à être doux et humble de cœur » (Matthieu, chap. 11, v. 29).

« Le seul moyen de faire de rapides progrès dans la voie de l'amour — la voie de l'Oraison — est celui de rester toujours bien petite, c'est ainsi que j'ai fait ; aussi maintenant je puis chanter avec saint Jean de la Croix :

> Et m'abaissant si bas, si bas,
> Je m'élevai si haut, si haut
> Que je puis atteindre mon but !

(Hist., p. 261 et 2).

« Vous cherchez toujours à ressembler aux petits enfants, mais dites-nous donc ce qu'il faut faire pour posséder l'esprit d'enfance ? Qu'est-ce donc que rester petit ?

— Rester petit — répondit-elle — c'est reconnaître son néant, attendre tout du bon Dieu, comme un petit enfant attend tout de son Père. C'est ne s'inquiéter de rien, ne point gagner de fortune. « Être petit, c'est encore ne point s'attribuer à soi-même les vertus que l'on pratique, se croyant capable de quelque chose, mais reconnaître que le bon Dieu pose ce trésor de vertu dans la main de son petit enfant, pour qu'il s'en serve quand il en aura besoin ; et c'est toujours le trésor du bon Dieu (Ephés., chap. 2, v. 8, 9 et 10).

« Enfin, c'est ne point se décourager de ses fautes, car les enfants tombent souvent mais ils sont trop petits pour se faire de mal » (Histoire d'une Ame, p. 263 et 264).

Et page 136, « l'écho de ses pensées intimes était que ces « fautes ne faisaient pas de peine au bon Dieu ». O puissance magique de l'humilité thérésienne sur Notre-Seigneur ! A cet abaissement évangélique du cœur, Il donne divinement, royalement ; Il donne en Dieu » (Hist., p. 337 en bas de la p. II Cor. 5/19).

La Science d'amour, l'humilité du cœur.

(Hist. p. 208).

Font de l'âme pieuse ici bas le bonheur.
Là-bas, à Bethléem, cuirasse et discipline

(Petite Voie).

Joyeuse, j'ai laissé, sous la poussée divine.
L'humble « Roi » sur la paille, une autre voie m'ap-
[prend :
Celle d'aimer Jésus, d'être petite enfant.

(Hist. p. 931, en bas).

D'un voyage du ciel, de ses entrées avides.

(Hist. p. 361).

Jésus paye les frais. je garde « les mains vides ».

(Hist. p. 281, 306. Hist. p. 302, milieu. Hist.
p. 356, en bas de la p. Rom. ch. 3, v. 24).

CHAPITRE III

—

L'Oraison d'humilité envers Dieu

La voie infaillible, conduisant l'âme à l'intimité consciente avec l'Esprit de Jésus, est « l'humilité du cœur ». Tout rapport avec N. Seigneur doit être à base d'humilité.

Ces actes d'oraison, suggérés par l'Eprit aux âmes pieuses, peuvent se résumer en quatre points.

I Point : Oraison d'humilité envers Dieu.

II Point : Oraison d'humilité envers le prochain.

III Point : Oraison d'humilité envers soi-même.

IV Point : Oraison de paix et d'amour, ou le fruit de la triple oraison d'humilité.

L'oraison d'humilité envers Dieu réalise la pensée profonde de Thérèse : « Reconnaître son néant et attendre tout du bon Dieu comme un petit enfant attend tout de son père. (Hist. p. 263 en bas).

« C'est encore ne point s'attribuer à soi-même les vertus que l'on pratique, mais reconnaître que Dieu pose ce trésor de vertu dans la main de son petit enfant ». Le grand Apôtre écrit aux Ephésiens : « La grâce de la foi est gratuite, (hoc non ex vobis, cela ne vient pas de vous) ; c'est le don de Dieu ; ce n'est pas par les œuvres afin que nul ne se glorifie, chap. 2, v. 8 et 9. Histoire d'une âme, pages 281 et 306 (se présenter devant le bon Dieu les *mains rides*).

La pensée de saint Paul est claire. Jésus, l'auteur et le Consommateur de notre foi, (Hébreux, chap. 12 v. 2) se montre comme jaloux des dons qu'Il dépose dans la main de son petit enfant, selon l'expression de Thérèse. Il ne peut souffrir que notre faiblesse ou petitesse puisse jamais s'en glorifier.

Dès son entrée au Carmel, notre petite Reine a pu écrire : « D'abord je n'avais pour mon âme que le pain quotidien d'une sécheresse amère ». Hist. p. 117. Quelle occasion de s'humilier devant Dieu ! d'expérimenter ces paroles profondes de l'Evangile : « Non pas que par nous-mêmes, nous soyons capables d'avoir aucune pensée, qui nous viendrait de nous-mêmes ; mais notre capacité vient de Dieu » (II Cor. chap., 3, v. 5).

Combien souvent dans ces temps de « sécheresse amère », Thérèse a dû répéter du fond du cœur : « Jésus je me soumets : Que ta volonté soit faite ! Je suis indigne d'avoir conscience de ta présence ! Ne suis-je pas cette balle avec laquelle tu t'amuses ou que tu laisses dans un coin ? Ce jouet de tes divins caprices ? Cette toupie qu'on frappe pour la faire marcher ? » (Hist. p. 292).

« Une fois, je me rappelle qu'ayant laissé dans le cloître une toile d'araignée, notre Mère (Marie de Gonzague) me dit devant toute la Communauté : On voit bien que nos cloîtres sont balayés par une enfant de quinze ans ! c'est une pitié ! Allez donc ôter cette toile d'araignée et devenez plus soigneuse à l'avenir ». p. 117.

Notre jeune Moniale, entre autres actes d'oraison, devait se rappeler ces mots de l'évangéliste : « Mais Jésus ne lui fit aucune réponse », (Jean) ch. 19, v. 9. « Pense à ta Thérèse pendant ce mois consacré à l'Enfant Jésus », lisons-nous dans la deuxième lettre à

sa sœur Léonie, « demande-Lui qu'elle reste
toujours *petite, toute petite* !... Je lui ferai pour
toi la même prière, car je connais tes désirs et
je sais que l'humilité est ta vertu préférée.
« Laquelle des Thérèse sera la plus fervente ?
Celle qui sera la plus *humble*, la plus unie à
Jésus, la plus fidèle à faire toutes ses actions par
amour... Ramasser une épingle par amour peut
convertir une âme ! C'est Jésus qui seul peut
donner un tel prix à nos actions, aimons-le
donc de toutes nos forces... (Hist. pages 358
en bas et 359).

Ces lignes nous permettent de lire dans le
cœur de la Sainte. Elles révèlent une âme sans
cesse occupée de Jésus, lui parlant, lui confiant
les plus secrets de ses désirs : être petite, rester
petite en face de son Dieu. « Laquelle des
Thérèse sera la plus fervente ? Celle qui sera
la plus humble ».

Un jour elle se demande : « Comment une
âme aussi imparfaite que la mienne peut-elle
aspirer à la plénitude de l'amour ? Quel est
ce mystère ? Puis, après s'être comparée à un
petit oiseau couvert seulement d'un léger duvet,
Thérèse conclut : tout ce que je puis faire c'est
de soulever mes petites ailes ; il n'est pas
(oh ! retenons bien cet aveu !) il n'est pas en
mon petit pouvoir de m'envoler ». Ces der-

nières paroles semblent être l'écho de cette
affirmation de l'Apôtre, bien faite pour nous
maintenir dans l'humilité jusqu'à la mort :
« Velle adjacet mihi, perficere autem bonum
non invenio, le vouloir est à ma portée, mais
non le pouvoir de l'accomplir. » Rom. chap. 7,
v. 18.

Cette impuissance de s'envoler vers les régions
élevées, va-t-elle effrayer ou simplement affliger
notre petite Sainte ? Que non pas ! Elle y trouvera une continuelle occasion de s'humilier ;
de témoigner à son Jésus une plus parfaite
confiance, un plus complet abandon. « Que
vais-je devenir » ? écrit-elle. « Mourir de
douleur en me voyant si impuissante ? Oh !
non, je ne vais même pas m'affliger. Avec un
audacieux abandon, je veux rester là, fixant
jusqu'à la mort mon divin Soleil. Rien ne
pourra m'effrayer, ni le vent, ni la pluie ; et, si
de gros nuages viennent à cacher l'Astre
d'amour, s'il me semble ne pas croire qu'il
existe autre chose que la nuit de cette vie, ce
sera alors le moment de la *joie parfaite*, le
moment de pousser ma confiance jusqu'aux
limites extrêmes... » (Hist., p. 219 et 220).

Et voici la conclusion qu'elle tire de cet état
humiliant de ne pouvoir s'envoler... de ne pas
sentir la présence du Sauveur ou de ne pas

voir l'Astre d'amour caché derrière de gros nuages... « Je consens, dit-elle, j'accepte et me réjouis encore de cette souffrance... O mon Astre chéri ! Oui je suis heureuse de me sentir *petite et faible* en votre présence et mon cœur reste dans la paix. » (*Ibidem*).

C'est ainsi que notre grande petite Sainte se tenait en présence de Dieu avec une égale soumission à sa volonté, une audacieuse confiance, malgré les sécheresses, les aridités d'âme, le doute même effleurant parfois sa pensée.

Elle réalisait le conseil de l'Apôtre aux chrétiens de la ville d'Ephèse : « Faites en tout temps » — quel que soit l'état intérieur de votre âme — « toutes sortes de prières et de supplications en esprit » ; ou encore cette recommandation de Jésus-Christ : « Dieu est esprit, et ceux qui l'adorent, doivent l'adorer en esprit ».. (Jean, chap. 4. verset 24). Par la prédication de l'Evangile Saint Paul prétend servir Dieu en son esprit (in spiritu meo).

Donc vaquer aux obligations ordinaires de son état avec cette foi intérieure du cœur, à l'exemple de l'Apôtre. (Rom., chap. 10, v. 10) c'est servir Dieu en esprit, c'est le prier, c'est faire oraison ; c'est rendre sans cesse à Dieu un culte en esprit (I. Thessaloniciens, chap. 5, v. 17 ; Rom., 1, v. 9).

Offrir sa journée à Dieu, s'adresser à Lui par une pensée, une oraison jaculatoire jaillissant de temps en temps du fond du cœur ; un regard sur le crucifix, un acte de génuflexion ou d'élévation des mains, etc... c'est prier, c'est faire oraison toute la journée ; c'est sanctifier toutes choses par la prière, selon la belle expression de l'Apôtre. (I Tim. ch. 4, v. 4 et 5. « Je veux donc que les hommes prient en tout lieu (in omni loco... et non seulement à l'église), levant au ciel des mains pures. (I Tim., ch. 2, v. 8 ; Hébreux, chap. 13, v. 15). Qu'au nom de Jésus tout *genou* fléchisse dans les cieux, sur la *terre* et sous terre... (Phil., chap. 2, v. 10). Faites en tout temps (orantes omni tempore) toutes sortes de prières et de supplications en esprit ». (Ephés., chap. 6, v. 18).

Ces phrases lapidaires, que nous trouvons sous la plume de saint Paul, nous révèlent un état d'âme toujours en prières, toujours en oraison. La prédication de l'Evangile, les voyages fatigants, les privations de tous genres... tout lui était un sujet d'oraison, d'actes de soumission à la volonté de Dieu, de supplication, de reconnaissance dans l'humilité du cœur. (Coloss. chap. 3, v. 12 à 16 (grati estote, soyez reconnaissants).

L'oraison de l'Apôtre est essentiellement une oraison d'humilité envers Dieu. Tout lui vient de la grâce, de la miséricorde, de la libéralité de son Seigneur. Il ne cesse de l'affirmer. « C'est par la grâce de Dieu que je suis ce que je suis. (1 Corinth.,chap. 15,v. 10). J'ai été fait ministre de l'Evangile selon le don de la grâce de Dieu qui m'a été accordée ». (Ephés.,chap. 3, v. 7 ; 1 Tim. chap. 1, v. 12 à 15.

C'est encore le sentiment d'humilité envers Dieu qui lui inspire ce cri de sainte et audacieuse confiance : « Omnia possum in eo qui me confortat — Je puis tout en Celui qui me fortifie » (Philip. chap. 4, v. 13).

Combien, dans cette pratique de l'oraison d'humilité en face d'un Dieu bon, miséricordieux, libéral... notre grande petite Thérèse se trouve d'accord avec l'Apôtre — « O Jésus », s'écrie-t-elle, « que ne puis-je dire à toutes les petites âmes la condescendance ineffable !

Je sens que si par impossible, tu en trouvais une plus faible que la mienne, tu te plairais à la combler de faveurs plus grandes encore, pourvu qu'elle s'abandonnât avec une entière confiance à ta miséricorde infinie ! » (Hist. page 221°).

Page 306, nous lisons : « Au soir de cette vie (— ô mon Dieu —) je paraîtrai devant vous les *mains vides* ; car je ne vous demande pas, Seigneur, de compter mes œuvres... Toutes nos justices ont des taches à vos yeux ! (Isaïe, chap. 64, v. 5). Je veux donc me revêtir de votre propre Justice et recevoir de votre amour la possession éternelle de vous-même ».

A quoi riment semblables affirmations ? Ne sont-elles pas l'écho des lignes inspirées du grand converti du chemin de Damas, dans son épitre aux églises de Philippes ? Après avoir rappelé à ces communautés chrétiennes que les vrais circoncis sont ceux qui servent Dieu en esprit ; qui se glorifient en J.-Christ sans mettre leur confiance dans la chair (l'observation des prescriptions légales), l'Apôtre n'hésite pas à dire hautement sa pensée. Quelle hérésie fut celle de saint Paul aux yeux des juifs ! Et cette pensée la voici : « Comme juif j'avais été un observateur sans reproche (sine querela) de la loi de Moïse, (chap. 3. v. 3, 6, 9). Ne croyez pas que je veuille m'en glorifier, que non pas ! « Mais ce qui était pour moi un gain, je l'ai regardé comme une perte... afin de gagner le Christ. De le gagner, non avec *ma justice*, mais avec celle qui vient de la foi en J.-Christ. La justice qui vient de Dieu par la foi, qui vient de l'humilité avec laquelle Thérèse se présente devant le souverain Juge les *mains vides*.

Les deux Apôtres : Paul et la sainte de Lisieux tombent d'accord pour ne tenir aucun compte de leurs mérites personnels. Dieu couronnera en ses élus ses propres dons. Il ne veut pas qu'ils puissent se glorifier de leur béatitude éternelle. (Ephés., 2, v. 9) (ne quis glorietur). (Lire encore (Rom., chap. 4, v. 2 à 7 ; ch. 9, v. 11, 15, 16 ; chap. 8, v. 28, 29, 30 ; Philip., chap. 3, v. 6, 9).

En face d'une telle délicatesse paternelle de Dieu, Thérèse, à l'exemple de Paul, ne pouvait rester qu'anéantie ou, pour me servir de son expression préférée « petite, toujours bien petite ». Cette profonde humilité devant Dieu lui semblait le « seul moyen de faire de rapides progrès dans la voie de l'amour divin » dans la voie de l'oraison ou l'intimité avec N. Seigneur (Hist. p. 261 et 262).

Notre Sainte ne pouvait que « devenir simple, extrêmement simple... Quand vous serez parfaite, vous deviendrez plus simple encore », lui dit un jour la sœur Marie des Anges (Hist. p. 120 ; 467. (Jésus aime la simplicité).

Dans la XIVᵉ lettre à Céline, Thérèse rappelle pour la centième fois sa devise : « pour approcher de Jésus, (jouir de son intimité dans l'oraison) il faut être si petit... Ce n'est donc ni l'esprit, ni les talents qu'il vient chercher ici-bas...

Il ne s'est fait la *Fleur des Champs* qu'afin de nous montrer combien il chérit la simplicité ».

C'est encore dans cette lettre toute embaumée de paix, d'effluves divins et de fraîcheur céleste, où nous lisons ce cri inspiré de son cœur : « Oh ! qu'il y a peu d'âmes qui aspirent à être petites et inconnues ». Saint-Paul avait écrit : « N'aspirez pas à ce qui est élevé, mais laissez-vous attirer par ce qui est humble. » (Rom., chap. 12, v. 16.

La XIIIe lettre s'était terminée par ce cri sublime d'humilité : « Oh ! je veux *descendre* bien bas, afin que dans mon cœur Jésus puisse reposer sa tête divine et que là il se sente aimé et compris... (Hist., p. 331).

Après l'affirmation de tels principes, lesquels ont été des réalités dans la vie quotidienne de notre sainte, Thérèse, malgré une vie étonnamment courte, nous apparaît comme une véritable puissance de Dieu. Sa mission est de rappeler aux hommes, par des leçons de choses, le grand principe évangélique méconnu même par les personnes pieuses : « Quiconque ne recevra pas le Royaume de Dieu comme un enfant (comme Thérèse) n'y entrera pas » (Marc, chap. 10, v. 15).

L'humble fleur lexovienne a sanctifié notre

terre lointaine durant une courte vie de vingt-
quatre printemps. Elle s'est vue placée d'em-
blée, par une faveur insigne de Dieu, parmi les
plus grands thaumaturges que le monde ait jamais connus... parmi ces « Puissances célestes ».
qui sous l'égide de l'Esprit de Sagesse qu'est la
Vierge Marie, gouvernent les mondes, les cou-
vrant de leur protection ou, pour employer
l'expression thérésienne si pleines de charmes
« d'une pluie de roses ». Hier, encore petite
Reine sous le toit familial des Buissonnets...
humble monial du Carmel de Lisieux... Thérèse
illustrera le xx° siècle comme sainte Philomène
a comblé de bienfaits et de miracles le xix°.
Quelle touchante ressemblance entre ces deux
Fleurs du parterre céleste de l'Epoux divin ! Le
martyre d'amour de Thérèse ne diffère guère
de celui de son illustre compagne d'il y a dix-
huit siècles. Aussi l'abbé Trochu, l'auteur de la
vie de sainte Philomène des catacombes,
trouve-t-il un parallèle idéalement frappant
entre l'humble martyre romaine et la grande
petite Sainte lexovienne. « Sainte Philomène ».
écrit-il. « cette petite sœur Thérèse d'il y a dix-
huit siècles » (chap. V, page 135). Ne croirait-
on pas entendre Jésus, exaltant saint-Jean-Bap-
tiste et disant : « Il est cet Elie qui devait
venir ». (Matth. chap. 11, v. 14.

HUMILITÉ

La retraite et l'oubli : ô douce ambition
Jusqu'au jour tant rêvé de l'heureuse Sion
A mon Seigneur je dois abandonner ma gloire,
Et par l'Humilité remporter la victoire.

Rester petit je veux à l'instar de l'enfant
Et célébrer l'amour par un céleste chant.

La « Voie de l'abandon » combien elle est exquise !
De l'humble Thérèse c'est toujours la devise.

(Hist., p. 261 en bas 262 et 63) ;
(Matth., chap. 11, v. 29) ;
(Rom., chap , 12, v. 16).

« Seul, l'abandon me livre
« En tes bras, ô Jésus »

(A l'Ecole de sainte Th., p. 30).

CHAPITRE IV

—

Oraison d'humilité envers le prochain ou Oraison de Charité

L'Oraison d'humilité envers Dieu est bien la source de l'humilité envers nos frères et sœurs. Etre doux c'est être humble. N-Seigneur associe ces deux termes dans l'Evangile. Leurs relations sont logiquement liées. Ils se complètent et s'appellent comme la cause implique l'effet et comme l'effet réalise la cause. Jésus veut qu'on apprenne de Lui à être doux et humble de cœur (Matth, chap. XI, v. 29). L'apôtre, lui, veut que la douceur chrétienne soit connue de tout le monde. (Philippe, chap. 4, v. 5.

Cette vertu doit être le rayon divin, se réflétant sur le visage de ceux qui se réclament du nom du Sauveur. Elle constitue la fine fleur de

la charité fraternelle, dont se trouve comme
imprégnée chaque page de l'Evangile. « Je vous
donne un commandement nouveau », dit N.
Seigneur, « c'est de vous aimer les uns, les autres, comme je vous ai aimés... C'est à ceci que
tous connaîtront que vous êtes mes disciples... » (Jean, chap. 13, v. 34 et 35). Le commandement d'aimer le prochain n'était pas récent. Moïse, dans le Lévitique, chap. 18, v. 18),
avait écrit quinze siècles avant J. Christ : « Tu
aimeras ton prochain comme toi-même. » Ce
que le Fondateur du Christianisme voulait
« nouveau », c'est le mode de pratiquer désormais cette charité.

Sainte Thérèse de Lisieux illustre admirable-
ment cette façon d'aimer évangélique. Elle enve-
loppe sa charité de cette douceur, cette modé-
ration, cette modestie humble et désintéressée,
qui fait à juste titre notre admiration. Le mot
grec ' ἐπιεικές ' employé par Saint Paul, Philip-
piens, chap. 4, v. 5, possède toutes ces significa-
tions.

« A la récréation plus qu'ailleurs, vous trouverez l'occasion d'exercer votre vertu (de charité). Si vous voulez en retirer un grand profit,
n'y allez pas avec la pensée de vous récréer,
mais avec celle de récréer les autres : pratiquez-
y un complet détachement de vous-même. Par

exemple, si vous racontez à l'une de vos sœurs une histoire qui vous semble intéressante et que celle-ci vous interrompe pour vous raconter autre chose (c'est si naturel et si fréquent), écoutez-la avec intérêt, quand même elle ne vous intéresserait pas du tout, et ne cherchez pas à reprendre votre conversation première. En agissant ainsi, vous sortirez de la récréation avec une grande paix intérieure et revêtue d'une force nouvelle pour pratiquer la vertu... Et pourquoi ? Écoutez la Sainte : « Parce que vous n'aurez pas cherché à vous satisfaire, mais à faire plaisir aux autres. » (Philip. ch. 2, v. 4, Hist. p. 275).

Quelle délicatesse dans sa charité, quelle modestie, quelle douceur ! À son exemple, les véritables chrétiens devraient être les gens les plus aimables, les plus polis... Hélas !

« Comment faites-vous », lui demande une religieuse, « pour pratiquer ainsi la vertu (de charité), pour être constamment joyeuse, calme et semblable à vous-même ?

« Je n'ai pas toujours fait ainsi, répond-elle, mais depuis que je ne me recherche jamais, je mène la vie la plus heureuse qu'on puisse voir. »

La même sœur, qui venait de rendre à Thérèse cet évangélique témoignage, ajoute : « Je

la vis toujours gracieuse, aimable, ne comptant
pas avec la fatigue. S'agissait-il de se déranger,
de servir les autres ? elle se présentait avec en-
train » (Hist. p. 275).

Oui ! Notre Sainte pouvait écrire : Parmi les
grâces sans nombre que j'ai reçues cette année
je n'estime pas la moindre celle qui m'a donné
de comprendre dans toute son étendue le précepte de la charité » (Hist. p. 165).

C'est en causant souvent avec Jésus, en lui
révélant ses désirs aussi bien que ses imperfections que l'âme confiante se fortifie. Le Sauveur
lui ouvre son Cœur et l'élève intérieurement
« aux plus hauts sommets de la contemplation »
(Hist. p. 368).

Mais une telle intimité n'est pas égoïste ou
intéressée. « La foi est agissante par la charité »
(per charitatem operatur). (Gal. ch. 5, v. 6).
Sans cette activité chrétienne, l'on peut dire
que la foi évangélique du cœur n'existe pas
(Rom. chap. 10, v. 10). Si cette loi ne produit
pas en nous les œuvres de l'évangile qui sont
« la piété, la justice, la charité, la tempérance ».
(Tite, chap. 2, v. 12, elle se résume en une
simple formule) Jacques 2/19).

« Mes petits enfants », écrit saint Jean dans sa
1re Epitre, chap. 3, v. 18, « n'aimons pas en pa-

roles et avec la langue, mais en action et en vérité ».

Thérèse, qui avait reçu de Dieu le don de comprendre le précepte de la charité, ne pouvait pas être charitable en paroles seulement.

Dans son oraison avec Jésus, elle reçut d'en haut l'explication pratique des paroles de l'Evangile : « Le second commandement est semblable au premier... Tu aimeras ton prochain comme toi-même » ; et de ces autres qui semblent en être le corollaire : Ce ne sont pas ceux qui disent : Seigneur ! Seigneur ! qui entreront dans le royaume de Dieu, mais celui qui fait la volonté de mon Père, (Matth. chap. 22, v. 39 et chap. 7, v. 21. Hist. 165).

« Cette volonté », continue la Sainte, « Jésus me la fait connaître, lorsqu'à la dernière Cène il donna son commandement nouveau, quand il dit à ses apôtres de s'entr'aimer comme il les a aimés lui-même...

Et je me suis mise à rechercher comment Jésus avait aimé ses disciples ; j'ai vu que ce n'était pas pour leurs qualités naturelles, j'ai constaté qu'ils étaient ignorants et remplis de pensées terrestres (Matthieu, chap. 16, v. 23). Cependant il les appelle ses amis, ses frères, il désire les voir près de lui dans le royaume de son Père et, pour leur ouvrir ce royaume, il veut mourir sur la croix, disant qu'il n'y a pas de plus grand amour, que de donner sa vie pour ceux qu'on aime » (Jean, chap. 15, v, 13).

Voici un exemple de charité thérésienne, plein de douce et délicate humilité : « Un jour, pendant la récréation, la portière vint demander une sœur pour une besogne qu'elle désigna. J'avais un désir d'enfant de m'employer à ce travail, et justement le choix tomba sur moi. Aussitôt je commence à plier notre ouvrage, mais assez doucement pour que ma voisine ait plié le sien avant moi, car je savais la réjouir en lui laissant prendre ma place. La sœur qui demandait de l'aide, me voyant si peu pressée, dit en riant : « Ah ! je pensais bien que vous ne mettriez pas cette perle à votre couronne, vous alliez trop lentement ! » Et toute la communauté crut que j'avais agi par nature. » (Hist. p. 167. milieu de la page).

Notre Sainte, il faut en convenir, n'aimait pas seulement avec la langue... Pendant qu'elle agissait avec une aussi ravissante politesse, son âme devait intérieurement s'entretenir avec Jésus. Chaque parole, chaque action dans ses rapports avec les sœurs, devenait en même temps un acte d'oraison intérieure. En causant ou travaillant avec les autres, les puissances de son être spirituel restaient en relation avec Jésus. Aussi pouvait-elle écrire sur cette même page : « Oui, je le sens, lorsque je suis charitable c'est Jésus seul qui agit en moi ; plus je suis unie à Lui, plus aussi j'aime mes Sœurs. »

Voici un conseil que nous donne Thérèse, permettant de faire oraison ou de prier mentalement pendant les occupations les plus absorbantes : « Ne pas nous livrer trop à ce que nous faisons ; nous exiler de notre besogne personnelle, employer consciencieusement le temps prescrit, mais avec dégagement de cœur » (Hist. p. 284 et 285, en haut).

Combien cette pensée devrait rassurer les personnes pieuses du monde ! Elles n'ont pas beaucoup de temps à consacrer aux longues prières ou à rester agenouillées devant un tabernacle. Qu'elles s'efforcent de comprendre la méthode thérésienne, transformant en oraison leurs occupations et notamment leurs actes multiples de charité. Le monde des chrétiens deviendrait un petit paradis, un vestibule anticipé du ciel.

Notez d'ailleurs, qu'ici, la Sainte de Lisieux ne demande rien d'extraordinaire qui ne soit nettement évangélique. Quand saint-Paul nous recommande de « prier toujours » c'est dans le sens de transformer nos actions et occupations en prières. Semblable ruse spirituelle est plus précieuse devant Dieu, plus avantageuse à la perfection morale de l'homme, que la transmutation des vulgaires métaux en or réel.

Pour le véritable chrétien, cette pierre philosophale est depuis longtemps trouvée : c'est la prière en esprit ou l'oraison. Quelle que soit notre vocation terrestre, l'élection implique, à un degré plus ou moins élevé, le goût de l'oraison, l'attrait du divin, la tendance à chercher Dieu, à s'entretenir avec Lui, à s'unir à Lui maintenant et toujours. La vraie conversion pousse l'homme vers Dieu, lui jetant mystérieusement ce cri du Psalmiste : « Gustate et videte quoniam suavis est Dominus : goûtez et voyez combien le Seigneur est doux !... (Psaume 33, v. 9, Vulgate).

Qui a lu l'Histoire d'une Ame a été frappé de cette touchante et humble charité, exercée par Thérèse à l'égard d'une vieille sœur infirme : la sœur converse Saint-Pierre. Le nom de cette modeste religieuse a passé à l'Histoire, à l'instar de celui d'Elvire rencontré dans les Méditations et Harmonies de Lamartine. Notre Sainte lexovienne n'est-elle pas un poëte sublime, lorsqu'elle touche aux choses divines de l'Au-delà ?

Sœur Saint-Pierre devait être une de ces moniales, dont nous lisons le portrait dans les pages 172 et 173 ou 191 et 192. L'Histoire d'une

Ame y parle de religieuses saintes qu'on recherche... et des imparfaites qu'on délaisse.
On se tient vis-à-vis de ces dernières dans les
bornes de la politesse religieuse ; mais craignant
peut-être de leur dire quelque parole désobli-
geante, on évite leur compagnie. Notre sœur
converse devait manquer de jugement, d'édu-
cation, de bon caractère : toutes choses qui
rendent la vie désagréable ; une sœur, ayant
le talent de déplaire en tout... mais vers laquelle notre petite Reine se sentait attirée à
cause de Jésus caché au fond de son âme, ren-
dant doux ce qu'il y a de plus amer.

Sœur St-Pierre devenue infirme, avait besoin
d'être conduite. « Cela me coûtait beaucoup de
me proposer — dit Thérèse — car je savais la
difficulté ou plutôt l'impossibilité de contenter
la pauvre malade. Cependant je ne voulais pas
manquer une si belle occasion, me souvenant
des paroles divines :

« Ce que vous aurez fait au plus petit des
miens, c'est à moi que vous l'aurez fait »
(Matth. ch. 25, v. 40).

« Je m'offris donc bien humblement pour la
conduire (oui ! il en fallait de l'humilité). Chaque
soir, quand je la voyais agiter son sablier (ser-
vant de montre), je savais que cela voulait dire :
Partons !

« Prenant alors tout mon courage, je me levais, et puis toute une cérémonie commençait. Il fallait remuer et porter le banc d'une certaine manière, surtout ne pas se presser, ensuite la promenade avait lieu. Il s'agissait de suivre cette bonne sœur en la soutenant par la ceinture ; je le faisais avec le plus de douceur possible, mais si par malheur survenait un faux pas, aussitôt il lui semblait que je la tenais mal et qu'elle allait tomber. « Ah ! mon Dieu ! vous allez trop vite, j'vais m'briser ! ». Si j'essayais alors de la conduire plus doucement : « Mais suivez-moi donc, je n'sens pas vot' main, vous m'lâchez, j'vais tomber !... Ah ! j'disais bien que vous éliez trop jeune pour me conduire (Hist., 193).

Qui d'entre nous, après de semblables reproches, aurait fait à la malade, son « plus beau sourire » à l'exemple de Thérèse ? Qui, surtout, se serait senti le courage de continuer, chaque soir, ce même service de charité ? A quelle source la sainte s'abreuvait-elle pour y puiser une charité aussi humble, aussi aimable, aussi fidèle ? A la source de l'oraison, la source d'intimité constante avec Jésus. Avant, pendant et après semblable acte de dévouement, Thérèse a dû dire à son Jésus, son Aigle adoré :

« Pour toi... cet acte de renoncement, cette

délicatesse de charité ! A cause de Toi, pour te faire plaisir...

« Lorsque je conduisais ma sœur St-Pierre », pouvait-elle avouer plus tard, « c'était avec tant d'amour qu'il m'eût été impossible de mieux faire si j'avais conduit N. Seigneur lui-même ». (Hist., p. 195).

« Un soir d'hiver, j'accomplissais comme d'habitude l'humble office dont je viens de parler : il faisait froid, il faisait nuit... Tout à coup, j'entendis dans le lointain le son harmonieux de plusieurs instruments de musique, et je me représentais un salon richement meublé, éclairé de brillantes lumières, étincelant de dorure : dans ce salon, des jeunes filles élégamment vêtues (souvenir d'enfance ?), recevant et prodiguant mille politesses mondaines. Puis mon regard se porta sur la pauvre malade que je soutenais. Au lieu d'une mélodie, j'entendais de temps à autre ses gémissements plaintifs ; au lieu de dorures, je voyais les briques de notre cloître austère à peine éclairé d'une faible lueur... » (briques usées du mur de clôture, que j'aime à vous contempler au clair de la lune...)

Ecoutez maintenant la conclusion que de ce contraste crucifiant pour la nature, Thérèse va incontinent tirer. C'est la paraphrase des paroles de saint Paul : « La sagesse de ce monde est folie devant Dieu... Si quelqu'un pense être sage dans ce siècle, qu'il devienne fou, afin de devenir sage devant Dieu » (I. Corinth., chap. 3, v. 19 et 18).

« Ce contraste impressionna doucement mon âme. Le Seigneur l'illumina des rayons de la vérité qui surpassent tellement l'éclat ténébreux des plaisirs de la terre que, pour jouir mille ans de ces fêtes mondaines, je n'aurais pas donné les dix minutes employées à mon acte de charité » (Hist., 194).

Saint Paul a véritablement raison de dire : la charité douce et fidèle est le fruit de l'Esprit de Dieu. (Gal., chap. 5, v. 22 ; I Thessal., chap. 3, v. 12 ; I Jean, chap. 4, v. 7). Elle est la manifestation visible de la foi du cœur, ainsi que de l'habitation de Jésus dans les siens. (Gal., chap. 5, v. 6 ; Ephés., chap. 3, v. 17). « Bien-aimés », écrit St-Jean, « aimons-nous les uns les autres, car l'amour vient de Dieu, et quiconque aime, est né de Dieu et connaît Dieu. Celui qui n'aime pas, n'a pas connu Dieu, car Dieu est amour. Deus charitas est » (I Jean, chap. 4, v. 7 et 8.

Quelles touchantes et sublimes paroles... qu'on devine sorties du Cœur même de Dieu ! Combien leur réalisation adoucirait les douleurs de la terre ! Ces paroles même pratiquées imparfaitement, feraient les « délices du genre humain ».

D'autre part, cette humilité envers nos frères et sœurs, l'estime, l'affection et l'amour réciproques... formeraient l'image symbolique terrestre de l'amour céleste, dont s'aimeront les « familles dans les cieux » (Ephés., chap. 3, v. 15). Les vraies beautés ici-bas, vues à travers le prisme de la foi, apparaîtraient à nos yeux ce qu'elles sont et ce qu'elles signifient : le reflet humain du Beau divin, l'image terrestre de la réalité céleste. L'Apôtre l'affirme carrément : les perfections visibles et créées ont pour mission de révéler à l'homme les perfections invisibles du Dieu-Créateur (Ro., chap. 1, v. 20.

— « Vers l'âge de six ou sept ans, je vis la mer pour la première fois. Ce spectacle me causa une impression profonde, je ne pouvais en détacher les yeux. Sa majesté, le mugissement de ses flots, tout parlait à mon âme de la grandeur et de la puissance du bon Dieu... » (Hist., p. 34). Oui ! les choses visibles ont pour mission d'élever l'âme, par l'oraison, aux perfections invisibles du Créateur. « Par les fonctions du corps je le reconnais vivant, dit saint-Augustin ; comment, par le fonctionnement si régulier de la création, ne reconnaîtrais-je pas le Créateur » ? (Homélie sur le Psaume 73. Vulgate). « C'est vous, Seigneur, qui, par votre puissance avez affermi la mer... vous qui avez fait jaillir de la pierre des sources et des torrents... A vous est le jour, et à vous la nuit ». Quelle poétique expression, révélant une âme souvent en oraison ! David se servait des œuvres de la création pour s'élever jusqu'au ciel !

La voilà cette raison — mystère pourquoi « la création attend, d'une vive attente, la manifestation des enfants de Dieu » (Rom., chap. 8, v. 19. Ces choisis ont la mission glorieuse de prêter vie aux êtres inanimés ; d'en faire l'objet de leurs méditations et oraisons ; de glorifier les perfections invisibles du Créateur, à la vue des beautés et merveilles de la création :

« A Toi est le jour, à Toi est la nuit ;
« C'est Toi qui as créé la lune et le soleil.
« C'est Toi qui as fixé toutes les limites de la terre ;
« L'été et l'hiver, c'est Toi qui les as établis ».

(Psaume 74, v. 16 et 17. Crampon).

« Au soir de ce jour (passé au bord de la mer), à l'heure où le soleil semble se baigner dans l'immensité des flots, laissant devant lui un sillon lumineux, j'allais m'asseoir avec Pauline sur un rocher désert ; je contemplai longtemps ce sillon d'or qu'elle me disait être l'image de la grâce, illuminant ici-bas le chemin des âmes fidèles. Alors je me représentai mon cœur au milieu du sillon, comme une petite barque légère à la gracieuse voile blanche, et je pris la résolution de ne jamais l'éloigner du regard de Jésus, afin qu'il pût voguer en paix et rapidement vers le rivage des cieux. » (Hist., p. 35).

Les personnes qui se demandent comment méditer, comment faire oraison... n'ont qu'à suivre cette « petite barque légère à la gracieuse voile blanche ». Alors, tout dans la création jusqu'à la plus humble fleurette, portera l'homme à dire au Créateur : Merci ! je t'adore.

Thérèse, confuse et attendrie en face de si divines délicatesses envers l'homme, animal non encore régénéré... comment n'aurait-elle pas des bontés fraternelles envers ses frères et sœurs ? L'humilité envers les autres a sa source dans l'humilité envers Dieu. De même la charité douce et polie, charmante et humble... a sa source dans l'amour ou la charité de Dieu. Semblable affirmation est tellement vraie que l'Apôtre de l'amour a pu écrire : « Si quelqu'un dit : j'aime Dieu et qu'il haïsse son frère, c'est un menteur ; comment celui qui n'aime pas son frère qu'il voit, peut-il aimer Dieu qu'il ne voit pas. Et nous avons reçu de lui ce commandement : que celui qui aime Dieu aime aussi son frère » (I Jean, chap. 4, v. 20 et 21).

Ces deux amours n'en forment qu'un, se tenant en relation étroite de cause à effet, d'effet à cause. Cela est logique à un tel point que le même Apôtre de la dilection a osé écrire : Dans la religion de J. Christ il n'y a plus qu'un seul commandement « c'est que nous croyions (d'une foi pleine de confiance, de repentir et d'amour) au nom de Jésus-Christ, et que nous nous aimions les uns les autres, comme il nous en a donné le commandement » (chap. 3, v. 23 ; Rom., chap. 10, v. 10.

Tout, dans le christianisme évangélique est : « Humilité et charité », charité, parce que humilité.

Qui n'est indigné, en lisant dans l'Evangile, l'histoire de ce « méchant serviteur » lequel, après s'être vu remettre la dette de dix mille talents (de 55 millions de francs), s'acharne contre un pauvre qui ne lui devait que cent deniers (80 fr.) ? (Matth., ch, 18, v. 23, jusqu'à la fin du chapitre). Ce « serve nequam » avait manqué d'humilité. Dans la remise de la dette formidable, il avait vu un simple moyen de contenter son avarice.

Voici les qualificatifs peu flatteurs, donnés

par l'Apôtre aux chrétiens égoïstes et orgueilleux : « Epris d'eux-mêmes (puisque c'est par
leur propre effort qu'ils sont ce qu'ils sont) ;
attachés à l'argent (ce qui est la conséquence
de leur égoïsme) ; vaniteux, hautains, médi-
sants, ingrats... Et parce que tel est leur état
d'âme, ils sont devenus, *sine affectione*, sans
affection, sans charité... mais calomniateurs,
intempérants, cruels...». (II Tim. chap. 3, v. 2 à
6).

Combien sont nombreux les chrétiens qui
méritent de semblables reproches ! Leur conduite se trouve tellement éloignée de la vie de
douceur et de charité, symbolisée par l'enfance spirituelle!....Je ne les vois pas, pour l'instant, formant partie intégrante de la Communion des Saints. Ils feraient piteuse mine au milieu des « petits » du royaume. Les enfants y
sont entrés, revêtus de douceur et humilité.
(Marc., chap. 10, v. 15 ; Hist., p. 423 ; 261 à 65).

L'âme, recevant tout de son Père céleste, (Jacques, chap. 1, v. 17 ; Jean, chap. 3, v. 27), s'humilie
à l'instar de Thérèse. Humble, la charité lui devient facile, logique, indispensable. Une telle humilité envers Dieu, devient, comme la foi du
cœur, agissante par la plus délicate charité.
(Gal., ch. 5, v. 6 ; Rom. chap. 10, v. 10.

Dans les moments intimes d'oraison, elle ne

resse de se redire les paroles de l'Apôtre : « De qui vient la différence entre toi et un autre ? Toi, comblée des trésors divins par le moyen de la foi .. et cet autre, encore plongé dans l'incrédulité, source des péchés de l'humanité, (Jean, ch. 16, v. 9) ; Rom., ch. 14, v. 23 — « Qu'as-tu que tu ne l'aies reçu ? Et si tu l'as reçu, pourquoi te glorifies-tu comme si tu ne l'avais pas reçu » ? (I Corinth., chap. 4, v. 7).

N. Seigneur avait raison de dire : « Ne jugez pas ! (Matth., chap. 7, v. 1).Qui es-tu, toi qui juges ton prochain ? (Jacques, ch. 4, v. 12). Mais toi, pourquoi juges-tu ton frère ? » Saint Paul en donne les raisons : « Chacun de nous rendra compte à Dieu pour soi-même ».(Rom.,chap.14, v. 10 et 12).

Ici, notre moniale est simplement admirable. « Oui, c'est le Seigneur, c'est Jésus qui me juge ! Et pour me rendre son jugement favorable ou plutôt pour n'être pas jugée du tout, puisqu'il a dit : Ne jugez pas et vous ne serez pas jugés, je veux toujours avoir des pensées charitables » (Hist., p. 168).

Ces paroles de Thérèse sont de l'Apôtre : « Celui qui me juge, c'est le Seigneur » (I Corinth., chap. 4, v. 4). « Ce qui me paraît une faute, ajoute la Sainte, peut très bien être, à cause de l'intention, un acte de vertu. J'ai d'autant moins de peine à me le persuader que j'en fis l'expérience par moi-même ». (Ibidem, p. 167 ; lire tout ce passage, suintant à larges gouttes la charité divine du Commandement *nouveau*, de la page 165 jusqu'à la fin du chapitre).

« Ah ! quelle paix inonde l'âme lorsqu'elle s'élève au-dessus des sentiments de la nature »... pour pratiquer la charité » (p. 169 et 170, dernière ligne).

« Il n'y a rien de plus doux que de penser du bien de notre prochain » (Hist. p. 268, en bas).

La charité entra dans mon cœur avec le besoin de m'oublier toujours, et depuis lors je fus heureuse (Hist. d'une âme, p. 75, vers le bas).

CHARITÉ

« Ah ! quelle paix inonde » un cœur de charité.
Qui, pour plaire à Jésus, cache sa dignité.

(Hist. p. 169)

Et de ses sentiments surmonte la nature.
Acceptant de bon cœur l'humiliante injure.

(p. 170)

5 ***

Avec Jean de la Croix il peut dire à son tour
«Ma demeure est en paix » par l'effet de l'amour.

(p. 172)

« Bien penser du prochain, rien n'est plus profitable

(p. 268)

« Sourire et s'incliner, c'est être charitable.

(p. 194)

« Le frère Jean de la Croix », disait-on. « mais
c'est un religieux moins qu'ordinaire.

(Novissima Verba, p. 122)

CHAPITRE V

—

Oraison d'humilité envers nous-mêmes
(ou oraison de souffrance)

———

« Je tâche de ne plus m'occuper de moi-même
en rien ; et ce que Jésus daigne opérer dans
mon âme, je le lui abandonne sans réserve »
(Hist., p. 368 ; Ephés. 2, v. 10).

L'humilité envers Dieu attribue grâces et
dons à la Providence. Jean, chap. 3, v. 27 ; (Jacq.,
chap. 2, v. 17). Envers le prochain, elle cherche,
dans tous les domaines, non seulement « son intérêt mais aussi celui d'autrui ». (Philip., chap. 2,
v. 4 ; I Cor. chap. 10, v. 24. L'humilité envers
soi-même est le fruit de ce double exercice.

Cette troisième façon d'être humble est l'état
d'une âme chrétienne, mise sciemment à sa
place. Dans cet effacement, elle veut se main-

tenir pendant les quelques années à passer sur la terre.

Vous m'objecterez peut-être : Cette place, c'est Dieu qui doit m'y mettre. A l'instar de Thérèse « Je tâche de ne plus m'occuper de moi-même en rien : et ce que Jésus daigne opérer dans mon âme, je le lui abandonne... » Hebr., ch. 13 v 21.

Ces paroles seraient un aveu de secrète paresse, si elles n'étaient l'expression d'une profonde humilité envers soi-même ; la manifestation écrite d'une soumission absolue à la volonté divine.

Une telle indifférence vis-à-vis de soi-même trouve son explication dans les paroles de saint Paul : Ceux que Dieu a connus d'avance, les ayant prédestinés selon son dessein, il les a aussi appelés à *être conformes à l'image* de son Fils » (Ro., ch. 8, v. 28 et 29).

Ce qui caractérise la sainteté et la mission de J.-Christ c'est la conformité absolue à la volonté de son Père céleste. Ecoutez et méditez l'oraison jaculatoire, dont fut témoin le Mont des Oliviers : « Père, si vous le voulez, éloignez de moi ce calice ! Cependant que votre volonté soit faite, et non la mienne » (Luc, chap. 22, v. 42).

Le « conformes fieri » a été le but de tout vrai disciple du Christ. « C'est la volonté de mon Père, que quiconque contemple le Fils et croit en lui, ait la vie éternelle » (Jean, chap. 6, v. 40) (1).

La méditation peut préparer la contemplation de la vie et des vertus du Sauveur ; l'oraison la réalise. La fréquentation d'un saint rend saint. (« Dis-moi qui tu hantes et je te dirai qui tu es »). L'oraison établit une véritable amitié entre Jésus et l'âme pieuse. Celle-ci, sous l'action de la grâce, se laisse « rendre conforme à l'image de son divin Modèle ».

Parfois même cette divine ressemblance s'étend sur le corps humain. C'est l'apparition des stigmates. Ces dernières — quand elles sont surnaturelles — ont leur genèse dans l'oraison, dans l'effort inspiré de « ressembler à l'image du Fils de Dieu » ; enfin dans l'union mystique ou « le terminus ad quem » de l'oraison. La prière sacerdotale de Jésus supplie : « Père Saint !... que mes disciples soient un, moi en eux... (Jean, chap. 17, v. 22, 23 et 26). Celui qui demeure en moi *et en qui je demeure*, porte beaucoup de fruit (chap. 15, v. 4 et 5 ; chap. 14, v. 23, 28. Et parce que vous êtes fils Dieu a envoyé dans vos cœurs l'Esprit de son Fils, lequel crie : Abba ! Père ! » (Galates, 4, v. 6).

------

(1) Le mot grec « Deôrôn » se traduit mieux par contempler. Crampon, Note, édit., 1902.

L'Apôtre définit l'Union mystique par ces trois mots lapidaires : « Christus in nobis. Jésus-Christ en nous » (Colos. ch. 1, v. 27).

Parvenu à cette progression spirituelle, l'homme est de la cire molle entre les mains de son Hôte et Architecte divin. Il réalise les conditions voulues pour « faire les bonnes œuvres que Dieu a préparées d'avance, afin qu'il les pratique » (Ephés , ch. 2, v. 10). Les stigmates, dans ce cas, ne nous apparaîtront plus que comme une simple parure, une faveur accidentelle d'un rang inférieur (1).

La Sainte de Lisieux possédait l'Union mystique : « Je sais que Jésus est en moi ». (H., p. 146 au milieu de la page). Elle connaissait donc la méthode parfaite de faire oraison. Quelle voie N. Seigneur a-t-il révélée à Thérèse ? Celle qu'Il avait pratiquée lui-même : la voie de l'humilité, se transformant en « confiance et abandon ». (Hist., p. 245 en bas ; 211, en bas de l'image ; 261, en bas, 262, 263 en bas et 264).

Thérèse a fini par s'abandonner entièrement à son doux Jésus. Elle savait pour l'avoir lu dans l'Evangile qu'elle possédait « tout pleine-

_____

(1) A propos de la stigmatisée Thérèse Neumann de Konnersreuth (Bavière), lire : Documentation catholique du 10 décembre 1927, p 1114 à 1152 ; du 17 décembre, p. 1192 à 1203.

ment » en son divin Ami (Colos., ch. 2, v. 10. Cet abandon filial, notre Sainte l'avait poussé jusqu'à l'audace, jusqu'à la témérité ; elle en fait hardiment l'aveu (II., p. 201). « Ah ! je le sens. quand même j'aurais sur la conscience tous les crimes qui se peuvent commettre, je ne perdrais rien de ma confiance..., p. 204.

Cette disposition de confiance et d'humble abandon, Thérèse la nomme sa « petite voie » qu'elle a pour mission de donner aux âmes (p. 210 *bis*, en bas de l'image).

La voilà bien à sa place, la chrétienne fervente qui pratique l'humilité envers elle-même. Confiance absolue envers N. Seigneur... et support patient des événements quotidiens de la vie, notamment dans l'épreuve, les sécheresses spirituelles, ténèbres d'esprit, etc...

Page 195 de son « Histoire », Thérèse raconte un trait de sa vie de communauté, où il est question d'une « oraison de souffrance ». Long-temps, à la chapelle, je ne fus pas éloignée d'une sœur qui ne cessait de remuer son chapelet, ou je ne sais quelle autre chose ; peut-être n'y avait-il que moi à l'entendre, car j'ai l'oreille extrêmement fine (Quelles précautions humbles pour ne pas manquer à la charité !). Mais dire la fatigue que j'en éprouvais serait chose impossible.

J'aurais voulu tourner la tête pour regarder la coupable et faire cesser son tapage ; cependant au fond du cœur, je sentais qu'il valait mieux souffrir cela patiemment pour l'amour du bon Dieu d'abord, et puis pour éviter une occasion de peine. Je restais donc tranquille, mais parfois la sueur m'inondait, et j'étais obligée de faire simplement une « oraison de souffrance ».

A ces paroles finales, le cœur de la majeure partie des personnes qui ont l'habitude de faire oraison, doit secrètement se réjouir. N'est-ce pas pour l'ordinaire, une « oraison de souffrances » que la leur ? Qu'elle se rassurent donc, puisque Thérèse a passé par là... ce qui ne l'a pas empêchée de se révéler une Sainte, une véritable puissance de Dieu.

Entrons dans quelques explications : Nous avons vu plus haut que le don de la justification et de la gloire éternelle implique le « goût de Dieu » (Jean, chap. 6, v. 44 ; Rom., chap. 8, v. 30). L'attrait divin n'est autre chose que le don d'oraison. Ce trésor se trouve plus ou moins richement à notre disposition, suivant que l'Esprit du Christ vient de naître en nos cœurs, ou qu'il s'y trouve développé jusqu'à son état parfait (Gal., chap. 4, v. 19 ; Coloss., chap. 1, v. 28).

Mais quel que soit ce degré d'évolution de l'Esprit du Sauveur, nos oraisons sont synthétiquement de deux sortes : oraisons de souffrance, de support, de patience, de soumission à la volonté de Dieu. L'humilité envers nous-même doit nous faire regarder toute décision d'en haut comme « parfaite, bonne et agréable » (Rom., chap. 12, v. 2).

Deuxièmement : oraisons de joie spirituelle, de paix et d'amour, alternant avec nos oraisons de souffrances.

Dans le chapitre suivant nous parlerons de cette exceptionnelle disposition de l'âme, goûtant à flots les délices divines ; de cette expérimentation de la « Science d'amour » pour employer l'expression thérésienne (Hist., p. 208).

L'oraison de souffrance, nous pouvons et devons la pratiquer, chaque fois que nous nous sentons à notre place d'être incomplet et imparfait ; chaque fois que se présente l'occasion d'exercer l'humilité envers nous-même.

« La seule chose qui ne soit pas soumise à l'envie, c'est la dernière place ; il n'y a donc que cette dernière place qui ne soit pas vanité et affliction d'esprit. Cependant la voie de l'homme n'est pas (toujours ?) en son pouvoir — non est hominis via ejus (Jérémie, chap. 10, v. 23) — et parfois, nous nous surprenons à désirer ce qui brille. Alors rangeons-nous humblement parmi les imparfaits ; estimons-nous de petites âmes que le bon Dieu doit soutenir à chaque instant. Dès qu'Il nous voit bien convaincues de notre néant, dès que nous lui disons : Mon pied a chancelé, votre miséricorde, Seigneur, m'a affermi..., Il nous tend la main ; mais si nous voulons essayer de faire quelque chose de grand, même sous prétexte de zèle, il nous laisse seules. Il suffit donc de s'humilier, de supporter avec douceur ses imperfections, voilà la vraie sainteté pour tous » (Hist., p. 271 et 272). A la page suivante nous lisons : « Il ne faut jamais, quand nous commettons une faute, l'attribuer à une cause physique, comme la maladie ou le temps ; mais convenir que cette chute est due à notre imperfection, sans jamais nous décourager. Ce ne sont pas les occasions qui rendent l'homme fragile mais elles montrent ce qu'il est. »

Il faut donc nous rendre humblement à l'évidence. **Nous sommes ce que nous sommes : des êtres incomplets et imparfaits dans tous les domaines, notamment dans le domaine moral et religieux. Reconnaître cet état, c'est simplement nous mettre à notre place ; c'est pratiquer l'humilité envers nous-même.**

L'oraison de souffrance convient tout d'abord quand notre corps est malade. Sans doute, il y a des âmes saintes dont les douleurs physiques se trouvent comme noyées dans un océan de paix et de joie spirituelles. C'est le cas de la « Bienheureuse sœur Angèle de Foligno » dont je lis présentement la vie mystique par le P. Doncœur. Durant ses « trente pas allégoriques vers l'amour », la séraphique Angèle, malgré des ténèbres et des souffrances, sentait pour l'ordinaire que le Seigneur « dirigeait vers elle la paix comme un fleuve » : tel Jéhovah, inondant de joie divine la cité de Jérusalem convertie (Isaïe 66/12).

Notez, en passant, que l'Eglise applique ce beau verset du Prophète à l'état d'oraison de notre grande petite sainte de Lisieux (Bréviaire, office).

Un jour, Jésus dit à Angèle : « ... toujours tu sentiras Dieu et seras chaude d'amour de Dieu... » et la Bienheureuse d'ajouter : « Subitement je sentais cette onction avec telle douceur que je désirais mourir et que ma mort fut avec tout tourment corporel.., » (page 75) (1 Jean, chap. 3, v. 24).

Page 168 (il me faudrait citer cent pages). nous lisons : « Mon âme fut alors élevée en si grande et neuve joie que jamais n'eut si grande

en ce voyage, ni de ce mode... Comme se disait
la messe, mon âme se tenait et se délectait en
ses délices qu'eut son âme quand elle sortait
de son Corps (comme il me semblait). Et fut
faite alors en l'âme si grande joie et ineffable
que, si ce n'était que je sache que Dieu fait tout
avec mesure, je dirais que cette joie fut extrême
et sans mesure. » Une dernière citation, p. 171 :
« Et en ce susdit mode d'être en Dieu j'étais
pleine de joie et de délices. Et me sentant en
ces biens et en ces délectations extrêmes et iné-
narrables, qui sont du tout au-dessus de tout
ce que précédemment j'avais éprouvé, se faisaient en l'âme des opérations divines si ineffa-
bles que nul saint, ni ange ne pourrait narrer
ni expliquer. »

C'est encore dans de tels sentiments de bonheur spirituel que le diacre Etienne souffrit le
martyre. L'Evangile dit : Etienne, rempli du
Saint Esprit, les yeux attachés au ciel, vit la gloire
de Dieu, et Jésus debout à la droite de son Père,
et il dit : « Voici que je vois les cieux ouverts, et
le Fils de l'homme debout à la droite de Dieu »
(Actes, chap. 7, v. 55).

Sera-t-il permis à l'auteur de ces lignes d'ajouter, pour la seule gloire de Dieu, sa propre expérience d'une vie de paix et de bonheur spirituels, qu'aucune comparaison terrestre ne sau-

rait faire comprendre ? « Que ma joie demeure
en vous, avait dit Jésus aux siens, et que votre
joie soit parfaite » (Jean, chap. 15, v. 11). Je suis
rempli de consolation, je surabonde de joie au
milieu de toutes nos tribulations », s'était écrié
le grand Apôtre (II Corinth., chap. 7, v. 4;
chap. 12, v. 5 ; Hist., p. 364).

Mais ce sont là des dons d'oraison accordés ex-
ceptionnellement à des êtres choisis, des apôtres
nantis d'une mission spéciale auprès d'un peuple hostile et incrédule. Tel avait été le message
des Prophètes, traités si cruellement par les
Juifs ; tel l'apostolat de Saint Paul... ou le mortel
témoignage à rendre au Christ par le martyr
Etienne. Dieu donne ce qu'Il ordonne. Par ce
bonheur intérieur, il fortifie singulièrement ses
envoyés, selon (Ephésiens, chap. 4, v. 11 à 17).

L'oraison de souffrance est bien la nourriture
habituelle de ceux qui souffrent, sont éprouvés,
ou malades. Dans ces circonstances difficiles,
la grâce de la patience, du support de soi, de la
soumission à la volonté divine... est à notre
portée.

Saint Jacques écrit : « Dieu ne tente personne
ipse autem neminem tentat. (chap. 1, v. 13). Théo-
riquement, l'on peut en dire autant de la maladie. Il ne rend personne malade. Les causes de
la maladie sont diverses : l'âge, l'imprudence.

l'imprévoyance de nos facultés incomplètes et imparfaites ; enfin et surtout l'état moral du moi spirituel, permettant « à Satan (les forces ennemies de Dieu) de nous lier », selon l'expression de l'évangéliste. Et cette fille d'Abraham (infirme), que Satan tenait liée depuis dix-huit ans... » (Luc, chap. 13, v 11 et 16). C'est par Satan que l'Apôtre se voit empêché d'aller visiter sa chère église ou communauté chrétienne de Thessalonique (aujourd'hui Salonique) (I Thessal, ch. 2, v. 18 ; Ephés., 6, v. 12).

Il n'est peut-être pas téméraire d'affirmer que la plupart des maladies nous sont imposées par le verdict de la Justice divine.

C'est la réparation des calomnies, injustices et méchancetés. . commises à l'égard de nos frères et sœurs. L'on se sert ainsi pour vous de la mesure avec laquelle vous mesurez, selon l'affirmation de N.-Seigneur, (Marc, chap. 4, v. 24. Voilà pourquoi cette insistance avec laquelle le Sauveur recommande le support, le pardon, la charité fraternelle (Jean, chap. 13, v. 34 et 35 ; Matth., chap. 6, v. 12) ; lire la Iʳᵉ Epitre de St Jean tout entière, de laquelle se dégage un parfum divin de charité chrétienne.

« Plus tard, Jésus, trouvant le guéri de la piscine de Bethsaïda dans le temple, lui dit : Te voilà guéri ; ne pèche plus, de peur qu'il ne t'arrive quelque chose de pis » (Jean, chap. 5, v. 14). Crampon édition 1902, dit fort judicieusement en note : « Les maladies sont quelquefois la punition (ou plutôt la correction) de péchés personnels mais *non toujours* »

« Non toujours... » Crampon dit vrai ; car voici un exemple du contraire. A propos de l'aveugle-né les disciples avaient demandé à Jésus : « Maître, qui a péché, cet homme ou ses parents... ? Et le Sauveur de répondre : Ce n'est pas qu'il ait péché, ni lui, ni ses parents, mais c'est afin que les œuvres de Dieu soient manifestées en lui » (Jean, chap. 9, v. 2 et 3).

Gardons-nous de porter aucun jugement. Si nous émettons des pensées, elles sont faillibles. L'Ecclésiaste a raison d'affirmer que « l'œuvre de Dieu sous le soleil... l'homme fût-il sage, ne saurait la trouver ou la connaître ; que les œuvres des justes et des sages sont dans la main de Jéhovah sans que l'homme puisse deviner le motif qui le porte à aimer l'un, à haïr l'autre (chap. 8, v. 17 ; chap. 9, v. 1 ; Rom 9, v. 13).

Notons à propos de ces textes opposés, qu'un verset isolé ne prouve rien, si le sens n'est pas en harmonie avec la teneur générale de l'Evangile. En Dieu pas plus qu'en son Apôtre il ne peut y avoir le « oui et le non » (II Corinth. chap, 1, v. 17, 18).

Remarquons encore qu'il est question, ici, de ces âmes pieuses. que la grâce porte à faire oraison d'une manière ou d'une autre. La maladie (ou toute autre épreuve) peut servir de « purgatoire anticipé » ; avoir pour but de détacher des « choses qui sont sur la terre » comme nous y sommes invités par l'Apôtre. (Coloss., chap., 3, v. 2).

Dans le plan de Dieu, elle peut réparer les injustices, calomnies ou méchancetés, commises par notre égoïsme animal. Ne pas oublier que Dieu est le Père de nous tous. Il nous doit justice lorsque nous sommes lésés par un de nos frères. Il peut pardonner les fautes commises contre sa Majesté ; les offenses contre nos frères, étant contre un tiers, Il doit les faire réparer en grand comme en petit. « Jusques à quand, ô Maître, le Saint, le Vénérable, ne ferez-vous pas Justice... «, crient tous les sacrifiés. (Apoc., chap. 6, v. 10).

L'Apôtre recommande aux églises de Rome de ne pas se venger... selon ce qui est écrit : « A moi la vengeance ; je ferai justice, dit le Seigneur ». (Rom. chap. 12, v. 19). Pourquoi ? Dans la pensée de saint Paul, cette justice, de la part de Dieu, sera effective. Dans un pays civilisé. l'offensé n'a pas à se venger lui-même ; il en laisse le soin au Parquet.

Quelle conclusion tirer de ces considérations sur les différentes causes de nos maladies ou épreuves ? Suivre la petite voie évangélique enseignée par Jésus, et si saintement pratiquée par notre petite Reine des Buissonnets. Me faire petite et humble comme la fleur des champs. Accepter l'épreuve qu'elle qu'en soit la cause : par esprit d'humilité envers moi-même... J'ai certainement fait souffrir des frères ou sœurs ; c'est donc justice. Si ma maladie, à l'instar de l'aveugle-né, doit servir à manifester la gloire de Dieu, j'en remercie la Providence.

Si cette humiliation doit avoir pour effet de détacher mon affection des choses de la terre, pour la tourner vers les choses divines (Coloss. chap. 3, v. 2), grande doit encore être ma reconnaissance (Hist. p. 156 : Dans la paix et la joie savourer tous les fruits amers).

Le père de la Sainte venait de tomber gravement malade, réalisant la vision prophétique de sa petite Reine. Nous en lisons les détails douloureux page 32, de l'*Histoire d'une Ame*. Dans sa 4ᵉ lettre, Thérèse, parlant de cette maladie, écrit : « Céline, loin de me plaindre à N. Seigneur de cette croix qu'il nous envoie, je ne puis comprendre l'amour infini qui l'a porté à nous traiter ainsi. Il faut que notre père soit bien aimé de Dieu, pour avoir tant à souffrir. Quelles délices d'être humiliées avec lui !

L'humiliation est la seule voie qui fait les saints, je le sais ; je sais aussi que notre épreuve est une mine d'or à exploiter. Moi, petit grain de sable, je veux me mettre à l'œuvre sans courage, sans force ; et cette impuissance même me facilitera l'entreprise, je veux travailler par amour. C'est le martyre qui commence... Ensemble, ma sœur chérie, entrons dans la lice ; offrons nos souffrances à Jésus pour sauver des âmes » (Hist. p. 320).

Vous qui ne savez pas faire l'oraison de souffrance... prenez chaque phrase de cette admirable lettre et la méditez ! Du fond du cœur, en répétez les pensées sur votre lit d'impatience ! Implorez du ciel ce support, cette résignation à la volonté divine, ce détachement... que dis-je, cette joie d'avoir l'occasion de dire à Jésus « Fiat » ! Que sa sainte volonté soit faite ! Que sa justice s'exerce et mon humiliation s'accomplisse !

Quand on souffre, les longues prières fatiguent. L'oraison de souffrance, on peut la pratiquer et le jour et la nuit. Il suffit de dire des lèvres, mieux du cœur, un mot de support, de résignation, de soumission. La plainte elle-même à Dieu seul... sera une oraison de souffrance. « Notre refrain, écrit Thérèse, c'est le cantique de la souffrance. Jésus nous présente un calice bien amer ; n'en retirons pas nos lèvres, souffrons en paix ! Qui dit paix ne dit pas joie, ou du moins joie sentie ; pour souffrir en paix, il suffit de bien vouloir tout ce que veut N. Seigneur », p. 321.

Cette dernière pensée doit constituer la base de toute oraison parfaite de souffrance. Le malade peut la répéter dix fois, vingt fois, cent fois par jour. Au jardin des Oliviers, quelle a été la prière de Jésus ? Invariablement la même : « Abba, Père, tout vous est possible, éloignez de moi ce calice ; cependant que votre volonté soit faite et non pas la mienne. » Marc chap. 14, v. 36. Quel admirable et éternel exemple d'oraison de souffrance, laissé aux malades de tous les temps, jusqu'à la fin du monde !...

Exposer à Dieu son état douloureux, le prier de nous guérir, si telle est sa volonté... le supplier d'écarter de notre route tout ce qui pourrait être une occasion de trébucher : c'est faire une oraison de souffrance.

Dans le « Pater » Jésus met sur nos lèvres ces paroles significatives : « Ne nous laissez pas succomber à la tentation... Délivrez-nous du mal... (de l'incrédulité sous toutes ses formes) dussions-nous pour cela souffrir dans notre corps ou être humilié dans notre esprit (Romains, chap. 14, v. 23 ; chap. XI, v. 32 ; Matth., ch. 6, v. 13.

SOUFFRANCE

Le cœur endolori : noir état où je suis...
Espérer en mon Dieu, c'est tout ce que je puis.

(Hist. p. 247).

Seigneur, je vous en prie, écoutez mes ténèbres !
Que la paix les dépasse, à l'instar des grands cèdres !»

Hist. p. 156).

Souffrir le jour. la nuit... c'est toute l'oraison
Que je vous fais, Seigneur, dans un saint abandon.

(Lettres à Céline, p. 317 à 328).

A l'amère douleur qui tristement soupire,
Thérèse de Lisieux répond par un sourire.

(A l'Ecole de Ste Th. de l'Enf. Jésus, p. 35).

CHAPITRE VI

—

L'Oraison de paix et d'amour

(G. Clemenceau et l'Expérience religieuse)

—

« Ah ! que le Seigneur me rend heureuse ! Qu'il est facile et doux de le servir sur la terre ! Oui, toujours, je le répète, il m'a donné ce que j'ai désiré, ou plutôt il m'a fait désirer ce qu'il voulait me donner » (Hist., p. 196).

Ce cri spontané du cœur, exprimant la joie spirituelle de vivre, est comme toujours, à base d'humilité. Selon la doctrine de Sainte Thérèse la pensée, le désir et la volonté de pratiquer la vertu ou les œuvres évangéliques de la foi... viennent de Dieu... Il m'a fait désirer ce qu'il voulait me donner ». Ces paroles constituent comme une paraphrase de l'affirmation de l'Apôtre lorsqu'il écrit : « Ce n'est pas que nous soyons par nous-même capables d'aucune pensée venant de nous-mêmes ». Ou encore : « C'est Dieu qui opère en nous le vouloir et le faire » (velle, et perficere). (Philip. chap. 2, v. 13 ; II Corinth. chap. 3, v. 5).

Thérèse continue : « Jésus aime les cœurs joyeux, il aime une âme toujours souriante... Le visage est le reflet de l'âme ; vous devez sans cesse avoir un visage calme et serein, comme un petit enfant toujours content » (Hist., p. 274).

Ces conseils pratiques sont encore l'écho de la pensée du grand Apôtre. « Soyez toujours joyeux ! « Réjouissez-vous toujours dans le Seigneur... » (I. Thess.,ch. 5. v. 16 ; Philip.,chap. 4, v. 4).

Ces mots « in Domino » méritent d'attirer votre attention. La paix, ou sérénité d'âme, dont doit témoigner le front de la personne chrétienne, a sa source au plus intime de l'être spirituel. « Je suis en communion avec Dieu. » Les moments d'oraison sont semblables à une chaîne, reliant les occupations de la journée ; Jésus alors révèle sa présence en nous. Saint Paul n'affirme-t-il pas carrément que « l'Esprit lui-même rend témoignage à notre esprit (notre conscience) que nous sommes enfants de Dieu » ? (Rom., chap. 8. v. 16) ; que nous avons reçu de

notre Père céleste des arrhes (le témoignage)
de l'Esprit dans nos cœurs » ? (II Corinth..
chap. 1, v. 22.

Saint Pierre recommande aux véritables chrétiens de « sanctifier J. Christ dans leurs âmes »
(I Pierre, chap. 3, v. 15). Isaïe avait déjà écrit :
« Sanctifiez l'Eternel des armées » (chap. 8,
v. 13). L'Apôtre « à l'esprit prompt » ajoute
« in cordibus vestris : dans vos cœurs ». Le
prophète représente l'Ancien Testament : celui
de la frayeur et de la crainte. Les Apôtres et leur
Evangile : celui de la confiance filiale, de la
simplicité enfantine, de l'abandon à la Providence (Rom., chap. 8, v. 15 ; Marc, chap. 10,
v. 15 ; I Pierre, chap. 5, v. 7).

Comme notre petite Sainte lexovienne avait
bien compris la différence entre les deux Testa-
ments ! compris, le « mode nouveau » d'aimer
Dieu et de le servir selon le régime de l'esprit
évangélique.

La « Petite Voie » en tableaux allégoriques de
Thérèse de l'Enfant Jésus serait, à ce propos,
fort instructive. L'auteur de l'épître aux Hébreux avait écrit : « Mais voici l'alliance (nouvelle) que je ferai avec la maison d'Israël après
ces jours-là (après les quinze siècles que devaient durer les Lois mosaïques). Je mettrai mes
lois dans leur esprit et je les écrirai dans leur

cœur (au lieu de les écrire sur la pierre). Aucun
d'eux n'enseignera plus son frère disant : Connais le Seigneur ! car tous me connaîtront depuis le plus petit jusqu'au plus grand... Mais
en disant une *Alliance nouvelle* il a déclaré la
première (de Moïse) ancienne. Or, ce qui est devenu ancien, ce qui est vieilli ; est près de dispa-
raître ». (Chap. 8, v. 10, 11, 12, 13).

Prêtres, apôtres, missionnaires ont pour
charge d'instruire l'intelligence des vérités abs-
traites de l'Evangile. L'Esprit du Christ a le pouvoir spirituel de former le cœur, de l'ouvrir à
la grâce du salut : Lydie, la marchande de
pourpre de Thyatire, en est un frappant exemple (Actes, chap. 16, v. 14). Cette intervention
directe de l'Esprit du Christ dans la conversion
d'une âme, saint Paul la prouve en citant son
propre exemple : « Qu'est-ce que Paul ? Un ministre de celui en qui vous avez cru, selon ce
que *le Seigneur* a donné à chacun » (I Cor.,
chap. 3, v. 5).

« Père saint ! que mes disciples soient un,
comme nous sommes un... moi en eux (Ego in
eis). (Jean, chap. 17, v. 22 et 23). Que l'amour
dont vous m'avez aimé soit en eux, et que je
sois moi-même en eux (et ego in ipsis) », verset 26).

Notre Sainte en affirmant que le Royaume de

Dieu se trouvait être en elle ; que Jésus habitait au fond de son cœur (Jean, chap. 14, v. 23) ; qu'elle se sentait guidée et inspirée par Lui... est donc dans le vrai. L'Ecriture Sainte, divinement inspirée, est utile pour enseigner, convaincre, corriger ; pour former à la justice » (II Timo., chap. 3, v. 16).

La lecture assidue, humble et pieuse de l'Evangile a, sinon enseigné (c'est Jésus) du moins fait comprendre à Thérèse sa « Petite voie » d'humilité, de simplicité charitable, de confiance absolue. L'Evangile lui a expliqué cette façon nouvelle et pratique de faire oraison toute la journée, de « prier sans cesse » selon l'expression paulinienne ; ce mode nouveau de se laisser guider et inspirer » à chaque instant... même au milieu des occupations de la journée ».

« Mais c'est par-dessus tout l'Evangile qui m'entretient pendant mes oraisons », écrit elle ; « là je puise tout ce qui est nécessaire à ma pauvre âme. J'y découvre toujours de nouvelles lumières, des sens cachés et mystérieux. Je comprends et je sais par expérience que le Royaume de Dieu est au dedans de moi » (Hist., p. 146, 370, 204).

Voici comment Thérèse s'exprime sur cet enseignement direct de Jésus dans la Nouvelle Alliance, entrevue par Jérémie, (chap. 31, v. 31,

32, 33). « Je comprends et je sais par *expérience* que le Royaume de Dieu est au dedans de moi. Jésus n'a pas besoin de livres ni de docteurs pour instruire les âmes ; lui, le Docteur des docteurs enseigne sans bruit de paroles. Jamais je ne l'ai entendu parler ; mais je *sais* qu'il est en moi. A chaque instant, il me guide et m'inspire ; j'aperçois, juste au moment où j'en ai besoin, des clartés inconnues jusque là. Ce n'est pas le plus souvent aux heures de prière qu'elles brillent à mes yeux, mais au milieu des occupations de la journée » (Hist., p. 146.

Ces paroles vécues sont la peinture authentique de l'âme de Thérèse, de son état intérieur de mysticité et d'oraison évangélique. C'est un colloque plutôt du cœur que des lèvres entre elle et Jésus ; un échange presque continuel de pensée et de sentiments avec le Seigneur, qu'elle sait par *expérience* présent en elle. « Le royaume de Dieu est au dedans de vous ». (Si vous devenez mes disciples ?) (Luc, chap. 17, v. 21). Saint Paul pourra plus tard écrire aux chrétiens de Corinthe : « Ne savez-vous pas que vous êtes le temple de Dieu et que l'Esprit de Dieu habite en vous ? (Chap. III, v. 16 et et 17 de la 1re aux Corinthiens. Aux Galates... « Et parce que vous êtes fils, Dieu a envoyé dans vos cœurs l'Esprit

de son Fils, lequel crie : Abba ! Père ! » (chap.
4, v. 6 ; II Corinth., chap. 13, v. 5).

Est-ce de l'authentique « Expérience religieuse », dont la Sainte veut parler ? De ce
« contact conscient du divin » ; de ce « Toucher
d'une réalité certaine », du surnaturel qui tra-
vaille l'humanité depuis les plus lointaines ori-
gines? (Louis Bertrand dans la Préface de la vie
de Ste Thérèse d'Avila).

J'inclinerais à le croire. L'illustration de la
Sainte de Lisieux, page 147 de son « Histoire »,
m'apparaît comme l'image de ce « saisissement
divin », que raconte St-Paul en parlant de lui-
même (comprehensus... a Christo Jesu). (Phil.
ch. 3, v. 12). « Puisque j'ai été moi-même saisi
par le Christ. »

Cette rencontre du grand Apôtre sur le chemin de Damas avec la Divinité, la main-mise
de l'Esprit du Christ sur toutes les puissances
spirituelles et morales du fanatique Saul pour
en faire le plus grand des Apôtres.. restera à
jamais le type de l'Expérience religieuse idéale.
(Actes, chap. 9, v. 3).

Page 148, Thérèse écrit : « Ma Mère, vous
qui m'avez permis de m'offrir ainsi au bon
Dieu, vous savez les flammes, ou plutôt les
Océans de grâces qui vinrent inonder mon âme
aussitôt après ma donation du 9 juin 1895...

(Lire page 305, l'Acte d'offrande de Thérèse comme victime d'holocauste à l'amour miséricordieux du bon Dieu). Ah ! depuis ce jour, continue-t-elle, l'amour me pénètre et m'environne ; à chaque instant, cet amour miséricordieux me renouvelle, me *purifie* et ne laisse en mon cœur aucune trace de péché ».

L'Expérience religieuse a pour premier effet de verser dans le pauvre cœur humain la paix et la joie divines jusqu'à l'enivrement spirituel, jusqu'à l'extase. C'est la réalisation à la lettre de ces promesses de Jésus aux siens : « Je vous donne ma paix (pacem meam). (Jean, chap, 14, v. 27). Je vous dis ces choses afin que ma joie demeure en vous, et que votre joie soit parfaite » (chap. 15, v. 11).

L'auteur de ces lignes peut et doit en témoigner. Depuis son Expérience religieuse, elle mène une vie de paix et joie intérieures. L'on dirait un timbre métallique, placé au plus intime de la conscience et que la touche la plus légère fait vibrer de bonheur.

La fleur printanière, louant à sa manière le divin Créateur, ou un grandiose coucher de soleil, vu à bord d'un steamer faisant escale devant Dakar ou Ténériffe... communique aussitôt à tout son être une impression de joie divine.

C'est là « cet état d'oraison », qui nous porte à prier Dieu sans cesse (*sine intermissione*) ; à avoir conscience de sa présence ; à la sentir — si l'on peut s'exprimer ainsi — car les termes spirituels nous manquent. Il n'est pas exagéré de dire que l'Expérience religieuse permet de « toucher Dieu ». De ce contact, jaillit, au plus intime de notre subconscient une source vraiment miraculeuse de paix céleste. Ne peut l'apprécier à sa juste valeur que l'homme qui l'a éprouvée. C'est une « fenêtre ouverte sur un monde nouveau », pour employer la comparaison de William James, citée par Louis Bertrand.

L'Eglise avait été bien inspirée dans l'application qu'elle fit à l'âme de Thérèse, des magnifiques paroles d'Isaïe : « Voilà que j'amènerai sur elle comme un fleuve de paix (*fluvium pacis*)... Vous verrez et votre cœur se réjouira (*videbitis et cor vestrum gaudebit*), chap. 66, v. 12 et 14.

Tout homme qui a fait l'Expérience religieuse peut et doit dire : j'ai vu, (touché, palpé), et voilà que mon cœur est dans la joie. L'auteur de ces lignes, au lendemain de cette rencontre ineffable avec le Surnaturel... a cru parfois mourir de bonheur intérieur. Pascal, au sortir d'un bal mondain, tandis qu'il traversait le

Pont-Neuf, se sentit brusquement « saisi » de Dieu à l'instar de Paul sur le chemin de Damas, au point de pouvoir s'écrier : « joie, pleurs de joie, certitude ! » Aussi définissait-il, dans la suite, la grande notion de la Foi en ces quatre mots vécus : « Dieu sensible au cœur ».

Clemenceau et l'Expérience religieuse :

Une telle conception de la foi chrétienne ne saurait être détruite ou combattue par aucun argument philosophique. C'est en vain que le « Vieux tigre G. Clemenceau », en matérialiste prétentieux et impuissant, essaie d'aiguiser sa dernière dent contre ce grand penseur religieux qu'est Pascal. Dans un livre intitulé : *Au soir de la Pensée*, l'auteur cherche à justifier l'incrédulité intellectuelle.

C'est par fanfaronnade que J. Caillaux avait dit du Tigre Clemenceau : « Nous en ferons une descente de lit ». Avant cinquante ans, Pascal aura eu la peau du Tigre pour en faire à son tour, une « descente de lit ». La mémoire de la foi sentie et vécue du grand Pascal planera, éternellement lumineuse, sur les générations à venir : tel un astre brillant qui ne se couche jamais. Ton œuvre, ô Georges de la Vendée, est,

au contraire, arrivée au « Soir » comme l'in-
dique le titre même. Tes « sèches » argumenta-
tions pour me servir de ta propre épithète, (livre
cité p. 289, t. I) ne trouveront guère d'échos
que dans les cerveaux imprégnés de cette
« puissance d'égarement », dont parle l'Apôtre
et qui les fait croire au mensonge » (II Thessaloniciens, chap. 2, v. 11).

Clemenceau, en parlant des tortures de Pascal
concernant la foi... se trahit et nous révèle son
ignorance totale pour tout ce qui concerne le
phénomène spirituel de l'Expérience religieuse.
Il parle en aveugle qui se veut mêler de juger
des couleurs. La caractéristique de ce contact
avec le surnaturel est précisément de donner la
certitude. L'auteur de ces lignes, je le répète,
peut en témoigner. Elle la possède absolue, cette
certitude... Le monde entier lui crierait : il n'y
a pas de Dieu, ni de salut, ni de Providence...
qu'elle garderait encore cette inaltérable con-
viction. Nuit et jour la paix divine, la joie spirituelle, la foi-confiance font de l'âme qui a senti
l'Infini, ce « Royaume céleste » promis (Luc,
chap. 17, v. 21).

Tu as tort, ô grand homme d'Etat, mais igno-
rant des phénomènes mystiques, de te poser en
« explorateur » de ces terres « inaccessibles »
pour rappeler l'expression de « Léonce de Grand-

maison ». N'oublie pas que tu as toujours été
faible en Géographie, sinon tu n'aurais pas sa-
crifié à la rapacité intelligente d'un Lloyd
George, les sources pétrolifères richissimes du
villayet de Mossoul. N'importe quel mission-
naire catholique ou protestant de cette contrée
formant le hinterland de la Syrie, aurait pu te
renseigner. En voulant obscurcir cette belle
figure de Pascal, dont tu es obligé d'avouer
qu'il est un « croyant », « l'un des plus beaux
croyants qui aient été » (*ibidem*.p. 295) ; en es-
sayant d'expliquer son état d'âme rendue
croyante par l'Expérience religieuse, tu l'exposes
à t'avouer de nouveau faible, très faible géo-
graphe des « terres mystiques », inaccessibles
à ta hautaine incrédulité. *Sutor ne supra crepidam!* Parle-nous de médecine et de politique.
Oui, explique-nous ce que tu connais et ce que
tu as étudié, vécu... Laisse aux Augustin, aux
Thérèse d'Avila, au Pascal, au William James
le soin de nous instruire sur ces hauts états
mystiques... Ils les ont éprouvés et vécus.
Laisse au génie et aux connaissances exégétiques
d'un Bossuet, la faculté d'exposer ces faits intimes de la Religion.

Il y a deux mille ans que le Grand Apôtre
vous a jugés, toi et les tiens, en déclarant hautement que l'homme animal n'accueille pas les

choses de l'Esprit de Dieu ; car elles sont pour lui une folie (une puérilité lointaine, t. II, p. 481). Il ne peut les comprendre parce que c'est *spirituellement* (spiritualiter) qu'on en juge ». (I Corinth.,chap. 2, v. 14).

Or, c'est « matériellement » que G. Clemenceau apprécie. Son incrédulité ne lui permet pas de juger autrement.

Le « Au soir de la pensée » a-t-il pour but principal de proposer un « idéal » ? N'est-ce pas plutôt de justifier, à l'instar du « Démosthène », l'apothéose d'une vie vécue ! Sutor, ne supra crepidam ! » Sapientia hujus mundi stultitia est apud Deum : la sagesse de ce monde est folie devant Dieu... les pensées de ces soi-disant sages sont vaines » (I Corinth. chap. 3, v. 19 et 20).

Socrate, accusé d'impiété pour avoir prêché l'immortalité de l'âme et critiqué fort la démocratie (que dirait-il aujourd'hui ?) est condamné à boire la ciguë. Tenant la coupe empoisonnée à la main, le grand philosophe religieux dit : « En me condamnant, vous avez cru vous délivrer de l'enquête exercée sur votre vie ; or, c'est le contraire qui s'ensuivra, je vous le garantis ». (Conférencia, année 1925-26, p. 561).

C'est le même motif, à plus de deux mille ans d'intervalle qui porta les ennemis de Socrate à se débarrasser d'un « censeur exerçant une enquête sur leur vie » et qui, aujourd'hui, pousse G. Clemenceau à se débarrasser de ce « Censeur qui a nom Dieu. .

En vain ! Le Seigneur se révèle à l'homme au plus intime de son être pour y imprimer d'une façon *consciente* et indélébile son existence, sa divine paternité, sa Providence ; pour y verser à flots ce qu'aucun homme ne peut faire : la paix délicieuse et profonde, la paix joyeuse jusqu'à l'extase, la paix divine, en un mot, promise par Jésus-Christ aux siens. (Jean, chap. 14, v. 27 ; chap. 15, v. 11 ; Rom.,chap 15, v. 13, II Cor., chap. 11, v. 31). (Dieu sait que je ne mens pas).

C'est ainsi que selon l'affirmation du grand Apôtre : « l'Esprit de Dieu rend Lui-même témoignage à notre esprit, notre conscience, que nous sommes enfants de Dieu, que nous avons un Père au ciel » (Rom., chap. 8, v. 16 ; II Corinth. chap. 1, v. 22). Tant d'autres âmes croyantes ont fait la même déclaration. D'autres la feront après nous. En face de cette révélation intérieure, Pascal avait raison de dire que la pensée, le raisonnement doivent céder

le pas ; ou encore : « Le cœur a des raisons
que la raison ne comprend pas ». Cette poi-
gnante recommandation à la raison et son raisonnement de s'humilier, de céder le pas, « de
s'abêtir... » révolte G. Clemenceau. Il a raison,
car cette révolte intellectuelle révèle chez le
Tigre, un état d'incompréhensibilité totale de la
question, qu'il affecte de traiter avec désinvol-
ture, mépris même (tome I, p. 295). Sutor, ne
supra crepidam !

Ce Dieu qui le chiffonne ne se révèle qu'aux
humbles. Ce Créateur dont tu voudrais te débarrasser, niant sophistiquement jusqu'aux
notions élémentaires de cette philosophie dont
tu voudrais être un « representative man »,
résiste aux superbes. La philosophie affirme
qu'il n'y a pas d'effet sans cause ; qu'il n'y a
pas de mouvement, surtout de mouvement régulier, sans un « Premier, doué d'intelligence », et donnant la chiquenaude : qu'en un
mot « ex nihilo nihil fit : de rien, rien ne
devient ».

Clemenceau voudrait nous faire accroire,
contre la pensée même de Voltaire, que cette
immense et merveilleuse horloge, qu'est notre
cosmos ou monde planétaire, au mouvement si
régulier et si constant, soit sans Horloger.

La mort serait un « achèvement idéaliste » de la vie ? Pour lui, ayant goûté au bonheur humain comme il est donné de le faire à peu de mortels ici-bas « rari nantes in gurgite vasto » (Virgile).

Si la vie de maire, d'homme politique, de président du Conseil .. il l'avait passée au chevet des vieux lutteurs de la vie, mourant sur un lit d'hôpital et conduit au cimetière... accompagné seulement de la sœur infirmière.. alors il aurait hésité à proclamer que la mort — une telle mort — puisse être un achèvement idéaliste de la vie ? Il aurait aussitôt compris, à la simple lecture d'une semblable phrase, qu'une telle affirmation ne peut sortir que de la plume d'un saint acceptant la mort pour se conformer à la Volonté divine... ou d'un matérialiste, repu de tous les plaisirs que peuvent offrir les sens au service d'une passion animale sans contrôle... d'un athée, dont les ambitions, haines et vengeances ont été satisfaites sous toutes les formes égoïstes de l'amour-propre.

Que valent ses affirmations dans des domaines qui lui sont par trop étrangers... contre celles d'un Pascal, d'un Bossuet ou d'un de ses illustres contemporains : Pasteur. Ce dernier affirme que plus il avança dans la science, plus il devint humble dans la foi. Pour notre grand savant, la mort a été un achèvement idéaliste de la vie » : de labeurs, de recherches particulièrement utiles à l'humanité souffrante... de sa vie de foi profonde et de croyant.

Que l'Historien compare ces deux existences à commencer par leur vie d'étudiant, de jeune homme ; leur vie de labeur, de sérieux, de moralité chrétienne... et il comprendra sans peine pourquoi Pasteur affirme l'existence du surnaturel... et pourquoi Clemenceau la nie. L'affirmation de l'un, la négation de l'autre, s'expliquent et se complètent.

(Intelligenti pauca).

Combien il me tarde d'arracher ma vue à la lecture des lignes de mort, de néant, que sont celles des deux volumes de G. Clemenceau ! De sortir de ces paysages glacés de Sibérie, au climat intellectuel et sentimental d'une rigueur extraordinaire ! Tel le navigateur d'Otrante ou de Cannes, se trouvant un jour perdu au milieu des icebergs des mers arctiques du Nord, et rêvant mélancoliquement aux eaux du canal d'Otrante ou des Iles de Lérins.

Une dernière question. Le patriotisme est-il l'effet de notre « raison raisonnante » (T. I,

p. 295) ou le « ressaut de notre émotivité » ?
(ibidem) ? Est-il le fruit d'un syllogisme ou
d'un sentiment ? Une loi consacrant le patriotisme de G. Clemenceau, proclame qu'il a
« bien mérité de la patrie ».

Renaudel, devenu un des chefs de notre so-
cialisme, prétend, lui, ne pas expérimenter ce
« ressaut d'émotivité » qui a nom patriotisme.
Nos deux hommes d'Etat vont pouvoir s'affron-
ter. Le député du Var, empruntant les paroles
mêmes, dont se sert Clemenceau contre le sentiment religieux de Pascal, va pouvoir conclure : « Que faire quand deux solutions s'oppo-
sent, et que le choix... ne peut être évité ? La
preuve que nous offre ce sentiment (du patriotisme) serait-elle qu'il (le sentiment) ne demande point de preuve ? (Parfaitement vrai !)
Notre Clemenceau consentirait peut-être d'en
rester là ». Il ferait bien, car le sentiment pa-
triotique pas plus que le sentiment religieux
ne sont au bout d'un syllogisme. On les a, ces
sentiments, ou bien on ne les a pas. La raison,
ici, ô Tigre, ne peut guère que « s'abêtir » ; il
n'y a non plus pas lieu de « s'affoler », comme
vous le prétendez à propos du sentiment religieux de Pascal, « à l'idée de ne pouvoir ra-
tionnellement démontrer ce sentiment » (T. I,

p. 296). De là, conclure chez notre solitaire de Port-Royal des Champs à une « inquiétude persistante, un trouble douloureux au plus profond d'une sensibilité *maladive* » (Toujours la morsure du tigre !) est pure hypothèse de Clemenceau. Je le répète, l'Expérience religieuse, dont Dieu avait favorisé Pascal, lui avait dicté ces cris du cœur à jamais célèbres et décisifs : « Joie, pleurs de joie... *certitude* « Certus sum ». Je suis certain — avait pu écrire Saint-Paul à propos de ce même phénomène de l'Expérience religieuse et de ses conséquences, dont la première est précisément d'étouffer « l'Inquiétude humaine », que le P. Sanson vient de traiter à N. Dame avec un talent par trop rare pour que des « orthodoxes rigides » puissent facilement le lui pardonner?? (Romains, chap. 8, v. 38 et 16 ; Philip., chap. 3, v. 12 ; chap. 2, v. 21.

Nous ne reprochons pas ici à Clemenceau de ne pas éprouver ou expérimenter ce « sentiment religieux », qui constitue le don intérieur de la « foi du cœur », selon ce qui est écrit : « Personne ne peut venir au Sauveur... si le Père céleste ne l'attire » (Jean, chap. 6, v. 44 ; Ephés., chap. 2, v. 8 et 9). Mais d'avoir essayé, lui, homme cultivé et instruit, doué d'une forte « raison raisonnante », de « retenir la vérité (de l'existence du divin Horloger) captive de l'injustice (Rom. chap. 1, v. 18). Clemenceau sera donc « inexcusable », dit l'Apôtre, d'avoir étouffé, dans un matérialisme animal, cette « foi intellectuelle de la raison raisonnante » (verset 20).

Si Renaudel reproche à l'ancien président du Conseil un patriotisme, comme étant le produit d'un « état mouvant de la sensibilité » ou même d'une « sensibité maladive », Clémenceau n'a qu'à encaisser. Ce sont, en effet, ces termes dont le Tigre s'est servi, en attaquant le sentiment religieux de Pascal (t. 1, p. 297).

Clemenceau veut que la terre le recouvre entièrement. Satisfaction lui sera donnée... mais non pas tout de suite. Son espoir d'être bientôt anéanti, annihilé, sera précédé du verdict de la Justice Immanente. Le bon sens d'accord avec la foi ne peut admettre que les triomphateurs égoïstes et ambitieux finissent dans l'apothéose de la gloire... tandis que leurs victimes reposent là-bas humiliés et ignorés à jamais. Je le répète avec le Christ : « Justice leur sera faite » (Luc, chap. 18, v. 8).

Le prophète-Roi sous la poussée de l'Inspiration divine, s'était déjà écrié : « Tu seras trouvé juste dans tes sentences, ô Seigneur, et sans reproche dans ton jugement » (Psaume 50, Vulgate ; Rom., chap. 3, v. 4). Et quand viendra, l'heure des rétributions finales et éternelles, Clemenceau (je parle de son incrédulité actuelle. Dieu pouvant changer son athéisme en foi du cœur, soit sur cette planète, soit sur un autre lieu céleste : ce que d'ailleurs je lui souhaite) sera, selon son désir, du nombre de ces « impies qui ne ressusciteront plus... mais, qui, à l'instar de la bête, selon le texte sacré auront péri totalement ». Non resurgent impii in judicio... iter impiorum peribit » (Psaume 1, v. 5 et 6 ; II Pierre, chap. 2, v. 12).

Pourquoi, grand patriote mais philosophe borné... Pourquoi ôter tout espoir d'un achèvement de sanction... ? (tome II, page 481 ?) Tout le monde, ici-bas, n'a pas été comblé de plaisirs, de richesses, d'honneurs. Votre destinée se trouve fort isolée au milieu de ces innombrables foules, qui peinent, qui souffrent... pour mourir enfin dans la pauvreté et l'oubli. Ils se comptent sur les doigts, ceux qui ont pu jouir et profiter de la vie comme Clemenceau. Ils sont vraiment : « rari nantes in gurgite vasto » pour m'exprimer avec Virgile.

Pour ces « rari nantes » saturés, rassasiés, repus... « la vie (du moins ils le voudraient) serait épurée par la mort ». Cette mort serait un

« achèvement idéaliste de la vie » (Ibidem). Ce
serait par trop commode ! Tout pour les uns,
rien que travail, peine, pauvreté, oubli... pour
les autres. L'histoire évangélique du mauvais
riche,du pauvre Lazare aura son corollaire dans
la balance de la justice divine (Luc., chap. 16,
v. 19 et suivants.

PAIX ET JOIE

Avoir la paix du cœur pour fidèle maîtresse
C'est ne plus connaître de nos vies la faiblesse

(Hist. p. 116)

N'est-ce pas un beau ciel, le bonheur des élus ?
Et vivre sur la terre une vie de Jésus ?

(p. 133, Phil.,chap. 4, v. 7)

C'est vaincre la tristesse avant qu'elle soit née,
Pour être de la joie la victime enchaînée.
C'est du Christ exaucer le suprême désir :
« Je vous donne ma paix ». dit-il. près de mourir ».

(Jean, chap. 14-27)

CHAPITRE VII

—

Oraison de direction

———

« Le petit roseau n'a pas peur de se rompre »
écrit Thérèse, en parlant d'elle-même, à la Mère
Agnès de Jésus, « car il est planté au bord des
eaux de l'amour... c'est ma faiblesse qui fait
toute ma force » (Hist., p. 345. II Cor., chap. 12,
v. 10).

Ces paroles d'humilité profonde et consciente,
l'âme pieuse, qui désire se mettre à l'école de
« l'oraison de direction », doit les avoir sans
cesse présente à la pensée. Si Dieu résiste aux
orgueilleux, s'il se moque des moqueurs... Il
donne sa grâce (ses conseils et inspirations) aux
humbles » (I. Pierre, chap. 5, v. 5 ; Proverbes,
chap. 3, v. 34). « Parce que j'étais petite et faible »
— écrit notre Sainte — « Jésus s'abaissait vers

moi et m'instruisait doucement des secrets de son amour ». (Hist., p. 81).

Mais la Direction, me direz-vous, est l'affaire du confesseur, du directeur... Sans doute, mais il y a directeur et directeur ; il y a celui que la Carmélite nomme « le Directeur des directeurs », c'est-à-dire Jésus, l'Esprit de Jésus-Christ, instruisant et dirigeant les siens. Disons-le tout de suite : sans l'intervention de la direction intime du Sauveur, il n'y aura jamais rien de sérieux ou de durable. La direction de l'homme s'arrête là où commence celle du divin Maître. C'est bien cette pensée que rappelle l'évangéliste lorsqu'il dit : « Jésus est le Directeur des âmes vraiment spirituelles et avancées », le Maître-Instructeur selon le sens de la version grecque. (Matth. chap. 23, v. 10 et 11).

Thérèse ne méconnaît pas le rôle des directeurs-hommes ; elle les compare à des « miroirs fidèles qui reflètent N. Seigneur dans les âmes » (Hist., p. 81). Le grand Apôtre rappelle avec admiration ces paroles libératrices du prophète Isaïe (chap. 52, v. 7): « Qu'ils sont beaux les pieds de ceux qui annoncent la paix, de ceux qui proclament le salut... car la foi vient de ce qu'on entend », (Rom. chap. 10, v. 15 et 17). L'auteur de l'épitre aux Hébreux nous rap-

pelle à son tour, « l'obéissance due à nos con-
ducteurs (spirituels) ainsi que la déférence que
nous leur devons » (chap. 13, v. 17).

Malgré cela, Sainte-Thérèse de Lisieux ne
conçoit la haute sainteté qu'à l'aide d'une direction immédiate de l'Esprit du Sauveur. Le nier
serait déchirer les pages du livre de son Histoire. « En ce temps-là, je n'osais rien dire de
mes sentiments intérieurs ; la voie par laquelle
je marchais était si droite, si lumineuse, que je
ne sentais pas le besoin d'un autre guide que
Jésus. Je comparais les directeurs à des miroirs
fidèles qui reflétaient N. Seigneur dans les
âmes ; et je pensais que pour moi, le bon Dieu
ne se servait pas d'intermédiaire, mais agissait
directement (Hist., p. 80 et 81).

Sur cette même page 81°, après avoir rappelé
qu'à cause de sa petitesse, Jésus s'abaissait vers
elle pour l'instruire des secrets de son amour,
notre Carmélite, pour accentuer davantage sa
pensée, emprunte les paroles de son Auteur pré-
féré Jean de la Croix :

> « Je n'avais ni guide, ni lumière,
> « Excepté celle qui brillait dans mon cœur.
> « Cette lumière me guidait
> « Plus sûrement que celle du midi,
> « Au lieu où m'attendait
> « Celui qui me connaît parfaitement.

(Poésies, Strophes 3 et 4, page 232, dans Abrégé de... Jean de la Croix, par C. H.)

Dans Conseils et souvenirs de l'Histoire... p. 296, deux autres strophes de Jean de la Croix se trouvent tirées du Cantique entre l'âme et Jésus-Christ son Epoux : « Ne m'envoyez plus désormais des messagers qui ne savent pas me dire ce que je veux (J. d. l. Croix, p. 235).

« L'homme spirituel juge de tout, dit l'Apôtre, et il n'est lui-même jugé par personne » (I Cor., chap. 2, v. 15). L'âme avancée en spiritualité à l'instar de Thérèse, a reçu des hommes tout ce qu'ils étaient capables de lui donner. Une lumière plus élevée ou direction plus avancée, elle doit l'attendre de l'Esprit de Jésus vivant en elle. (1 Jean, chap. 2, v. 20 et 27 ; Hist ; p. 142).

Voici comment Thérèse répond à une question à propos des directions spirituelles. Au « comment devons-nous faire »? elle dit : Avec une grande simplicité, sans trop compter sur un secours qui peut vous manquer au premier moment. Vous seriez vite forcées de dire avec l'Epouse des Cantiques : « Les gardes m'ont enlevé mon manteau, ils m'ont blessée ; et ce n'est qu'en les *dépassant* un peu que j'ai trouvé Celui que j'aime. » Si vous demandez humblement et sans attache où est votre Bien-Aimé, les gardes (prêtres, directeurs, confesseurs)

vous l'indiqueront. Toutefois, le plus souvent,
vous ne trouverez Jésus qu'après avoir *dépassé*
toute créature. Que de fois, pour ma part, n'ai-
je pas répété cette strophe du Cantique. « Ne
m'envoyez plus désormais des messagers qui
ne savent pas me dire ce que je veux. » (Hist.
295 (en bas) et 296).

Le Révérend Père Pichon (de la Cie de Jésus)
avait donné à Thérèse le conseil suivant, un
peu étrange pour un fils de Saint-Ignace : « Mon
enfant, que N. Seigneur soit toujours votre Supérieur et votre Maître des novices. » (Hist.,
p. 119). Ce conseil, à n'en pas douter, avait été
inspiré au P. Pichon en vue de la mission pro-
videntielle, dont notre sainte lexovienne se trouvait revêtue : mission de simplicité dans tous
les domaines, surtout dans celui de la « Direction spirituelle ». Quelle leçon de choses donnée
à toutes nos coureuses de confessionnal, de confesseur, de directeur ! — Un acte d'humilité
devant Dieu ou de charité désintéressée envers
le prochain... leur serait d'un plus grand profit
spirituel que ces voyages lointains, (baptisés
pèlerinages) pour consulter tel confesseur, recevoir les avis d'un tel *directeur*. De l'humain, souvent même du *féminin*... que tout cela !
En rappelant ces mémorables paroles du

P. Pichon, Thérèse, en guise de corollaire, se permet d'ajouter : « Jésus le fut — mon supérieur, mon Maître des novices, — et aussi mon *Directeur* ». Page 120, elle continue : « ... Notre Maîtresse... je l'aimais beaucoup... et cependant mon âme ne se dilatait pas. Je ne savais comment exprimer ce qui se passait en moi, les termes me manquaient, mes directions devenaient un supplice, un vrai martyre.

« Une de nos anciennes Mères sembla comprendre un jour ce que je ressentais. Elle me dit à la récréation : « Ma petite fille, il me semble que vous ne devez pas avoir grand'chose à dire à vos Supérieurs.

— Pourquoi pensez-vous cela, ma Mère ?

— Parce que votre âme est extrèmement simple ; mais, quand vous serez parfaite, vous deviendrez plus simple encore ; plus on s'approche de Dieu, plus on se simplifie. »

Sans doute la Carmélite se hâte d'ajouter : « Aujourd'hui, sans cesser d'être simple, j'exprime mes pensées avec une très grande facilité. »

Cela cependant ne l'empêche pas de conclure sur cette même page : « J'ai dit que Jésus m'avait servi de directeur. A peine le R. P. Pichon se chargeait-il de mon âme, que ses supérieurs l'envoyèrent au Canada. Réduite à ne recevoir qu'une seule lettre par an, la petite fleur transplantée sur la montagne du Carmel se tourna bien vite vers le Directeur des directeurs et s'épanouit à l'ombre de sa croix, ayant pour rosée bienfaisante ses larmes, son sang divin, et pour soleil radieux sa Face adorable. »

Combien en avez-vous aujourd'hui de ces âmes, se confessant souvent, qui, à l'exemple de sainte Thérèse, osent parler et agir de la sorte ? Ces illusions si faciles ? Ce sentimentalisme dangereux ?

Aussi existe-t-il peu de personnes pieuses, même dans les couvents, hélas ! arrivant à *dépasser les gardes*, à dépasser toute créature ». (H. p. 296). « Se tourner vers le Directeur des directeurs (Jésus) » leur donne l'impression de perdre pied dans les eaux de l'océan de ce monde. Les illusions ne sont-elles pas toujours possibles ? Ces chrétiens ressemblent à ces timides, qui n'osent plus prendre place dans un train parce que leur journal cite parfois un wagon attaqué par des bandits ou un chemin de fer déraillé.

Qu'arrive-t-il ? peu de chrétiens « s'épanouissent à l'ombre de la croix » ; il leur paraît impossible de se contenter, dans la voie ordinaire de la direction, « de la rosée bienfaisante des larmes, du sang et de la Face adorable du Sauveur » (Hist. p. 120).

Peu d'âmes, dites pieuses, peuvent se rendre ce témoignage thérésien en même temps que fort évangélique : « Depuis 8 ans et demi, cette paix intime est restée mon partage ; elle ne m'a pas abandonnée, même au milieu des plus grandes épreuves » (page 116). Ou encore : « Cependant la paix toujours la paix se trouvait pour moi au fond du calice » (de toutes mes épreuves ou sécheresses spirituelles). En racontant sa profession, notre Sainte écrit : « Dès le matin du 8 septembre, je fus inondée d'un fleuve de paix, et dans cette paix, qui surpasse tout sentiment, je prononçais mes saints vœux... Ce jour-là, tout était petit ; excepté les grâces que j'aie reçues, excepté ma *paix* et ma *joie* en contemplant le soir les belles étoiles du firmament » (p, 134).

Jésus, qui prétend être le Directeur des âmes vraiment chrétiennes, n'est plus consulté ou d'une façon hésitante. On veut bien en théorie, de la tutelle intérieure du Sauveur, à condition que dans la pratique, cette direction ne gêne en rien notre esprit caché d'ambition, d'orgueil, de domination. On craint d'être obligé de garder un poste effacé, une situation peu en vue. En général, nos chrétiens formalistes essayent de concilier ces penchants si naturels d'ambition et d'amour-propre avec leurs pratiques religieuses. Dans les couvents même, l'on trouve ces soi-disant fervents religieux, ces zélés observateurs de la Règle... au premier rang de tous ces ambitieux cachés, qui sont sans cesse à l'affût de quelque avancement, de quelque poste vacant plus éminent que le leur.

Dans ces conditions, il est aisé de le comprendre, l'on ne peut trouver quelque direction que dans la science bornée des hommes, de quelque confesseur ambitieux ou avare comme vous. Sainte Thérèse a pu écrire :

« Jésus n'a pas besoin de livres ni de docteurs pour instruire les âmes ; lui, le Docteur des docteurs, enseigne sans bruit de paroles, jamais je ne l'ai entendu parler ; mais je sais qu'Il est en moi.

« A chaque instant, il me guide et m'inspire ; j'aperçois juste au moment où j'en ai besoin, des clartés inconnues jusque-là. Ce n'est pas le plus souvent aux heures de prières qu'elles brillent à mes yeux mais au milieu des occupations de la journée. »

Thérèse nous révèle ici le secret de sa rapide perfection : c'était son oraison de direction, où le Confesseur et Directeur, Jésus, est consulté à longueur de journée. Cette méthode de direction divine constitue le point de perfection, le plus haut et le plus sublime. Saint Paul avait écrit aux Colossiens (chap. 1, v. 26 et 27). « Le mystère caché de toute éternité et dans tous les âges, mais révélé maintenant aux saints de Dieu... c'est *Jésus-Christ en vous* ».

L'Apôtre ne pouvait pas aller plus loin dans l'explication de la spiritualité et la divinité de sa nouvelle religion. « Le royaume de Dieu est au-dedans de vous », avait déjà proclamé le Sauveur lui-même. Sur le point de mourir sur la Croix, il avait promis aux siens de revenir après sa mort pour habiter dans leurs âmes régénérées. (Jean, chap. 14, v. 23 ; Chap. 17, v. 26 ; Galates, chap. 2, v. 20 ; chap. 4, v. 6).

Donc, l'habitation de l'Esprit de Jésus-Christ en nous... Voilà la source de la haute direction spirituelle de Thérèse. Sans doute, elle consultait les hommes ; mais, ne craignons pas de le souligner ; elle consultait surtout son Jésus. Elle le consultait habitant au fond du cœur et accompagnant sa bien-aimée même « au milieu des occupations de la journée ». (Hist., p. 146).

Comment m'y prendre pour attirer de la sorte, Jésus dans ma demeure ? Le Sauveur nous l'a dit, confirmant sa doctrine par l'exemple de sa vie : Apprenez de moi à être doux et humble de cœur ». Thérèse, fort versée dans la lecture de l'Evangile, s'applique, toute sa vie durant, à la pratique de cette humilité évangélique.

Ne cherchez pas ailleurs la raison de la venue de Jésus dans le cœur de Thérèse. « J'ai compris mieux que jamais ce qu'est la véritable gloire », écrit-elle. « Celui dont le royaume n'est pas de ce monde me montra que la royauté seule enviable consiste à vouloir être ignorée et comptée pour rien, à mettre sa joie dans le mépris de soi-même (Hist., p. 121). Le seul moyen de faire de rapides progrès dans la voie de l'amour, est celui de rester toujours bien petite (Hist., p. 261 et 262). Rester petit, c'est reconnaître son néant, attendre tout du bon Dieu comme un petit enfant attend tout de son Père. C'est ne s'inquiéter de rien, ne point gagner de fortunes, se présenter devant Dieu les *mains vides* (par esprit d'humilité (Hist., p. 281, 306 ; Luc, chap. 17, v. 10 ; Rom., chap. 3, v. 24). C'est encore ne point s'attribuer à soi-même les vertus que l'on pratique, se croyant capable de quelque chose (Hist., p. 264).

« Enfin, c'est ne point se décourager de ses fautes, car les enfants tombent souvent, mais ils sont trop petits (étant humbles) pour se faire beaucoup de mal» (ibidem). « Mes fautes ne faisaient pas de peine au bon Dieu » (Hist., p. 136).

Concluons : pour avoir le privilège insigne de pouvoir consulter N.-Seigneur dans n'importe quelle difficulté ou joie, à l'exemple de Thérèse... il faut pouvoir répéter avec elle : « Je sais que Jésus est en moi. A chaque instant il me guide et m'inspire » (Hist , p. 146 et 60).

Et la voie par où Jésus trouvera accès en nous c'est, selon l'expression thérésienne, « la vallée fertile de l'humilité ». Point de consultation possible de Jésus (Il ne s'y prêterait pas), sans humilité du cœur. Donc, pas d'oraison de direction divine et intérieure, sans la réalisation de ces paroles évangéliques : » Quiconque ne recevra pas le royaume de Dieu comme un enfant (dans les dispositions humbles de l'enfant à l'instar de Thérèse), n'y entrera pas ». (Marc, chap., 10, v. 15 : Hist., p. 266).

Il serait intéressant ici de signaler quelques aspects caractéristiques des voies différentes, suivies par Ste Thérèse d'Avila et notre sainte lexovienne, notamment en ce qui concerne la thèse de la direction spirituelle. La sainte Castillane semble sans cesse préoccupée de trouver un directeur « plein de science et de piété ». Avant de songer à sa grande œuvre de la Réforme du Carmel, veut-elle simplement réformer un peu sa vie par trop mondaine, qu'elle se plaint de « manquer de direction spirituelle » (*Sa vie*, par L. Bertrand. p. 114).

La voie de chaque être prédestiné se trouve tout naturellement conditionnée par la mission à lui confiée. Tout ce que la sainte espagnole nous dit des confesseurs-directeurs a pour but de pousser ces « entraîneurs d'âmes » vers des études vastes et profondes, d'une part ; une spiritualité expérimentée et vécue, d'autre part.

Chez notre sainte française, rien ou presque rien de cette préoccupation excessive. « En ce temps-là, je n'osais rien dire de mes sentiments intérieurs ; la voie par laquelle je marchais était si droite, si lumineuse, que je ne sentais pas le besoin d'un autre guide que Jésus » (II., p. 80).

Ce Jésus, « ce Quelqu'un » pour répéter le mot de Bertrand, p. 151, interviendra sans doute dans la direction de Thérèse d'Avila ; mais ce ne sera qu'après « dix-huit ans d'oraison », durant lesquels la noble fille de Cepeda avait eu coutume de « traiter à la fois avec Dieu et avec le monde », ou, selon une autre de ses propres expressions, « à se traîner par les chemins les plus bas de la perfection ». Ne trouvant pas de confesseur à son goût, elle se jette dans la lecture des traités de spiritualité. L'*Abécédaire* du franciscain F. de Osuna, l'*Ascension du Mont Sion* de Bernardino Laredo, le *livre de l'Oraison* de Luis de Grenada ou le *Traité de l'Oraison* de Saint Pierre d'Alcantara sont lus et fouillés avec une sérieuse curiosité. On veut trouver le chemin du bonheur ; on le veut avec cette ténacité de volonté qui caractérise toute œuvre ou création, entreprise par la grande sainte espagnole. Dans le troisième *Abécédaire* de Francisco de Osuna, Thérèse avait trouvé cette phrase : « Il est possible d'obtenir, sans trop de difficulté, en cette vie mortelle, la communion du Dieu immortel, plus étroite et plus aimante entre l'âme et Dieu qu'entre un ange et un autre, si élevés soient-ils ».

Et notre académicien d'ajouter : « On juge du retentissement d'une pareille promesse dans l'âme troublée de cette jeune fille de vingt-deux ans. La route vers le bonheur, auquel elle aspirait depuis si longtemps, lui était montrée. Certes elle savait bien qu'elle devait aimer Dieu, elle s'y efforçait en toute conscience. Mais l'amour qui s'adresse à un être lointain et inaccessible, l'amour qui ne s'unit pas à son objet n'est qu'une pâle image de l'amour véritable. Et voici qu'une voix amie et digne de toute confiance révélait à Thérèse que cette union est possible dès ce bas monde !... Quel rêve ! Elle ne vivait que pour cela. On peut être sûr que, dès cet instant, elle se jeta de tout son cœur à la conquête de cet amour, qui est l'unique Réalité, comme il est l'unique Bien. Dès cet instant, elle désirait la possession de l'Aimé. Elle la désirait avidement comme un homme qui meurt de soif cherche l'eau du puits qui le sauvera. Boire cette eau tout de suite ! tout de suite ! autrement, je meurs !... Cette soif brûlante ne sera pas, chez elle, une banale métaphore de dévotion. A force de la crier, cette soif, elle finira par en faire passer sur nos lèvres et jusque dans nos veines l'aridité torturante et pourtant pleine de délices et de pressentiments » (Livre cité, p. 111 et 112).

Tandis que Thérèse d'Avila lit avec avidité les traités mystiques ou autres, sans jamais nous parler de la lecture de l'Evangile, Thérèse de Lisieux « laisse aux grandes âmes, aux esprits sublimes les beaux livres qu'elle ne peut comprendre... ou qui lui cassent la tête » (Hist., p. 370). Elle prend l'Ecriture Sainte, elle prend l'Evangile. « Là, dit elle, je puise tout ce qui est nécessaire à ma pauvre petite âme » (Hist., p. 370 et 146).

Aussi, notre sainte française trouve-t-elle tout naturel d'écrire des phrases comme celles-ci : « Je comprends et je sais par expérience que le royaume de Dieu est au dedans de nous... je sais que Jésus est en moi » (p. 146) ; ou encore : « Je crois tout simplement que c'est Jésus lui-même, caché au fond de mon pauvre petit cœur, qui agit en moi d'une façon mystérieuse et m'inspire tout ce qu'Il veut que je fasse au moment présent » (Hist., p. 132).

Quant à la sainte espagnole, elle semble s'extasier ou tomber des nues lorsque, dans le livre de F. de Osuna, elle trouve des fragments ou bribes de vérités si nettement et si clairement révélées dans l'Evangile. Cette « Union étroite avec Dieu, dès cette vie mortelle », le grand Apôtre l'exprime d'une façon fulgurante lorsqu'il s'écrie : « Si je vis, ce n'est plus moi qui vis, c'est le Christ qui vit en moi (Galates, chap. 2, v. 20). Et parce que vous êtes fils, Dieu a envoyé dans vos cœurs l'Esprit de son Fils » (chap. 4, v. 6). N. Seigneur n'avait-il pas promis solennellement que son Père et Lui feraient leur demeure dans le cœur de celui ou de celle qui l'aimait ? (Jean, chap. 14, v. 23). Son suprême désir n'est-il pas précisément de vivre dans l'âme des siens ? (Jean, chap. 17, v. 23 ; chap. 14, v. 18 et 20).

Cette lacune chez la fille d'Alonzo ne sera jamais remplacée par rien dans sa direction spirituelle ; nul livre, nul confesseur ou directeur n'a su réparer cette ignorance. De là, cette inquiétude persistante, ce besoin presque impé-

rieux d'aller « révéler l'état de son âme », à
tout nouveau confesseur, dont la renommée
était venue jusqu'à elle. Le Père Vincent Baron
vient assister son père A. de Cepeda à ses der-
niers moments ; aussitôt elle le prend pour
confesseur (L. Bertrand, p. 147). Quel Océan
démonté que le moi spirituel de Thérèse la
Castillane !... Quelle mer calme et tranquille
que l'âme de Thérèse la Normande !...

A 24 ans, celle-ci est plus avancée que celle-
là à 40. Sans doute, les voies de Dieu sont mys-
térieuses et cachées. Personne ne sait pourquoi
nous sommes aimés ou ne le sommes pas...
pourquoi nous sommes conduits par telle voie
plutôt que par telle autre. « La voie de l'homme
n'est pas en son pouvoir ». La profonde et
mystérieuse pensée de Jérémie (chap. 10, v. 23)
se retrouve à travers toutes les épitres de
St Paul.

De tout cela on peut conclure (pour parler à
la manière des hommes) que Thérèse d'Avila
coûta à N. Seigneur deux fois plus de grâces,
deux fois plus d'efforts divins et même humains
que la modeste et humble Thérèse de Lisieux.
La fille de Béatrice de Ahumada n'a compris
ces simples paroles : « Je sais que Jésus est en
moi » de Thérèse Martin, et, ajoutons de N. Sei-

gneur (Luc, chap. 17, v. 21 ; Hist., p. 146)
qu'après dix-huit ans de vie religieuse. Il a
fallu, de la part de N. Seigneur, vision sur vision, pour les lui faire accepter. Il en était de
même de ces autres paroles de Jésus, si aisé-
ment comprises par la sainte française : « Vous,
les miens, les avancées dans les voies spirituelles, vous aurez pour « Directeur des directeurs » Jésus-Christ (Hist., p. 120, 80 ; Matth.,
chap. 23., v. 11).

Ce n'est également qu'à l'aide de reproches,
de visions intellectuelles et autres... que Thérèse de Ahumada a fini par comprendre que
son divin Epoux, ne donnait pas sa gloire à un
simple mortel (Isaïe, chap. 42, v. 8) ; qu'Il
était comme jaloux d'être, Lui, son grand et
constant Directeur (Hist., p. 119, et 20).

Différents papes, en particulier Léon XIII et
Pie X avaient accordé 300 j. d'indulgence à
tout lecteur de l'Evangile durant 15 minutes
par jour. Pourquoi Pr Ferron-Vrau, l'auteur
récent du *Petit Traité pratique des Indulgences*
ne les mentionne-t-il pas, page 138, où se
trouvent énumérées les « Indulgences partielles
faciles à gagner au cours de chaque journée » ?

Le R. P. H. Petitot, O. P.., dans sa vie de
sainte Thérèse de Lisieux (ou renaissance

spirituelle), parlant de la « Méthode d'Oraison » de la Carmélite... fait cet aveu aussi humiliant pour prêtres et chrétiens que lourd de conséquences pour les âmes et l'Eglise en général : « Ne craignons pas d'insister sur ce point » écrit-il, « car aujourd'hui la méditation de l'Evangile est trop délaissée » (p. 79).

Et quel est ce point sur lequel, lui, prêtre, religieux, prédicateur, confesseur, directeur et hagiographe... ne craint pas d'insister. Lisez la page 78 de son livre. De quelle méditation *assidue* notre Sainte nourrissait-elle son esprit et son cœur ?

De l'aveu de sa Sainteté Pie XI, c'est de la méditation des *Saintes Ecritures*. « A tous les livres, continue notre auteur, la Sainte préféra l'Evangile et, dans les dernières années de sa vie, elle en fit la nourriture essentielle et presque exclusive. Quelle douceur, disait-elle, de n'apprendre plus rien que de la bouche de Jésus ».

Il cite ensuite la page 146 de l'autobiographie de Thérèse (Histoire d'une âme) : « Plus tard, écrit-elle, les auteurs spirituels me laissèrent tous dans l'aridité ; et je suis encore dans cette disposition. Si j'ouvre un livre, même le plus beau, le plus touchant, mon cœur se serre aussitôt et je lis sans pouvoir comprendre ; ou, si je comprends, mon esprit s'arrête sans pouvoir méditer.

Dans cette impuissance l'Écriture sainte et l'Imitation viennent à mon secours ; en elles je trouve une manne cachée solide et pure. Mais c'est par-dessus tout l'Évangile qui m'entretient pendant mes oraisons... (Petitot, p. 78 et Hist. p. 146).

CHAPITRE VIII

—

Appendice
Méthode d'Oraison de Sainte Thérèse
de Lisieux

—

Quelle était la méthode d'oraison de notre Sainte de Lisieux ? Celle de n'en pas avoir. Saint Vincent de Paul a médité pendant cinquante années sur « l'Humilité »... La méthode d'oraison de la « Petite Reine » vient de l'humilité et retourne vers l'humilité comme des rayons vers leur centre.

« Oh ! quand je pense à tout ce que j'ai à acquérir », lui dit un jour une sœur dans un moment de lassitude spirituelle.

— Dites plutôt à *perdre*, lui répond la Sainte. C'est Jésus qui se charge de remplir votre âme, à mesure que vous la débarrassez de ses imperfections. Je vois que vous vous trompez de route ; vous n'arriverez jamais au terme de votre voyage. Vous voulez gravir une montagne et le bon Dieu veut vous faire descendre : Il vous attend au bas de la vallée fertile de l'humilité » (Hist. p. 266).

Ces lignes révèlent chez la Sainte lexovienne une orientation neuve dans les voies de la perfection. Le chemin thérésien n'est pas nouveau. Il reste simplement parallèle tout en étant différent. Ayez souvent sous les yeux les « tableaux allégoriques », symbolisant l'ascension de la montagne mystique par la voie d'amour et d'Enfance évangélique (La petite voie).

Thérèse veut devenir une sainte. Quels sont les moyens classiques pour arriver à la sainteté ? « Cuirasse, bouclier, discipline de fer ». C'était un chemin suivi, à travers tous les siècles, par les chrétiens des couvents, des cloîtres et en général, par nos saints canonisés ; mais suivi, non moins courageusement, par tous ceux que nous nommons « hérésiarques célèbres ». Nous avons donné des noms plus haut. Suivi encore, par les moines boudhistes, lamaïstes et musulmans...ainsi que par les fakirs et derviches de toutes les religions orientales, exotériques et même ésotériques.

Les *Annales de la propagation de la Foi*, juillet 1925, sous la signature du R. F. Labully, des missions étrangères de Paris... nous raconte qu'en Chine, dans la province méridionale de Kouang-si, il a rencontré la « secte des jeûneurs ». Les Chinois, plutôt sensuels, la désignent sous le nom ironique de « Tsiu Chouy Kiao » la religion de l'eau claire ». Il ajoute qu'en « Guinée française » (Afrique occidentale), Mgr Lerouge, de la Congrégation du Saint-Esprit, a fait les mêmes constatations.

Ces méthodes anciennes, plus ou moins évangéliques, ont pour but « d'acquérir ». La méthode thérésienne, pour arriver à la « Science d'amour », nous invite à *perdre* (Hist., p. 266 ; 208.

Soit dans le monde, soit dans les couvents, il y a des personnes qui, malgré une rigide observance des commandements de l'Eglise ou des Règles monastiques, malgré une vie morale extérieure « sans reproche » (Phil. 3 6, 9)... n'ont rien « perdu » de leur esprit d'ambition ou d'avarice. Vous les voyez briguer les postes élevés, les charges lucratives, les honneurs de l'amour-propre satisfait. Etre premier, être en vue, dominer et commander.

Combien cette catégorie de chrétiens, (ils

forment l'immense majorité) aurait profit à se mettre à l'école de Thérèse de Lisieux ! Perdre ! oui, perdre qu'il leur faudrait, l'assouvissement de tous ces instincts de l'homme irrégénéré, de l'homme animal (1 Cor., ch. 2, v. 14). Perdre cet esprit d'ambition qui nous pousse à aspirer aux choses élevées... alors que l'Evangile dit : « *Non* alta sapientes », qu'il ne faut pas briguer ces charges, ces honneurs. ces hochets de la vanité.

Ce sont là des dieux auxquels le monde incrédule et ambitieux ne cesse de sacrifier.

Perdre cet esprit d'égoïsme, dont le but, en toutes choses, même dans les fonctions les plus sacrées, est de satisfaire notre amour-propre. Cet égocentrisme a invariablement pour devise les paroles hautaines de la ville de Babylone : « Ego sum, et non est præter me amplius ; moi, je suis, et hors de moi, il n'y a plus personne. (Isaïe, ch. 47, v. 8).

Oui ! perdre, l'esprit d'envie et de jalousie : fruit de l'ambition égoïste. On veut de la gloire de Dieu à condition que cette gloire se confonde avec la nôtre. Les intérêts de Dieu nous touchent en tant qu'ils procurent nos propres intérêts. De là, ces « jalousies sacrilèges » entre clergé séculier et régulier, entre soldats du même Christ, comme jadis, au temps de

Saint-Bernard, entre les Bénédictins réformés et les moines de Pierre le Vénérable (Lire *Vie de St-Bernard*, par Vacandar).

Faut-il s'étonner si malgré nos quarante mille prêtres, nos cent mille religieux et cette grande multitude de religieuses... la France se trouvé rongée par le matérialisme épicurien, la philosophie hautaine et athée d'un G. Clemenceau : (Au Soir de la pensée) ?...

Notre prétendu zèle apostolique est *intéressé* au lieu d'être « pur et désintéressé ». Il est « amer » se bornant à la gloire de notre clocher, notre chapelle, notre caste, notre clan — au lieu d'être « pacifique, conciliant, plein de miséricorde, exempt de jugement » (malveillant pour ceux qui ne sont pas des nôtres ?) (Jacques, chap. 3, v. 13 à la fin)

Plus ces chrétiens ou religieux mènent une vie extérieure « sans reproche », une vie religieuse formaliste exemplaire. . plus ils semblent avoir le droit de commettre les péchés « d'ambition, d'orgueil, d'égoïsme et d'amour-propre ; ces péchés d'envie, de jalousie, d'inimitié, etc...

Pourtant, le grand Apôtre les avertit depuis tant de siècles que ce sont là « des péchés de la chair », des « œuvres de la chair : opéra car-

nis ». Ces religieux exemplaires se feraient tuer
plutôt que de commettre une faute contre la
chasteté... et ils recherchent avec soin, semble-
t-il, l'occasion de commettre, plus consciencieusement tous ces autres péchés, qualifiés également de « opéra carnis : d'œuvres de la chair »
(Galates, chap. 5, v. 19, 20, 21).

Aux uns et aux autres, la grande petite Sainte
de Lisieux ne cesse de répéter : « Vous vous
trompez de route » ! par vos jeûnes, macéra-
rations et pénitences... vous prétendez avoir
votre part dans l'acquisition de la sainteté...
Peu, très peu y arriveront. Vous voulez prendre
d'assaut « le don de Dieu pour être à même de
vous en glorifier ? » (Ephès., ch. 2, v. 9).

Encore une fois, vous vous trompez de sen-
tier. Notre Sainte, se faisant l'écho de la voix
même de Jésus, vous crie : C'est descendre
qu'il faut ! Descendre au bas de la vallée fertile de l'humilité » ! (Hist., p. 266 ; Marc,
chap. 10, v. 15).

Vous tous, qui savez si bien concilier une vie
religieuse exemplaire avec tous les assouvisse-
ments du moi spirituel orgueilleux, ambitieux,
avare... qui savez adroitement obtenir des titres
flatteurs, des postes entourés d'honneurs et de
flatteries...

Oh ! sachez-le : Vous êtes à cent lieues de la petite voie de Thérèse ; à cent lieues de l'esprit évangélique de Jésus. Tous vos efforts tendent à monter,.. et Thérèse, mieux Jésus, veut que vous descendiez « vous inclinant vers ce qu'il y a de plus humble » (Rom., chap. 12, v. 16) (Non alta sapientes sed humilibus consentientes) (Hist., p. 261) (en bas), 62, 63 et 64.

Jamais ces âmes soi-disant pieuses, auxquelles leur régularité extérieure semble conférer le titre de « saintes », ne goûteront, à l'instar de l'humble moniale lexovienne, le don d'oraison dans la paix joyeuse de l'âme. Jamais N. Seigneur ne se révélera à elles dans l'intimité filiale d'un enfant avec son Père, ou d'une communication paternelle d'un Père avec son enfant.

Ces cœurs se trouvent trop pleins des honneurs du monde, des frivolités de l'ambition satisfaite. Il n'y a vraiment plus de place pour Jésus. Lui attend les siens « au bas de la vallée fertile de l'humilité ». Il ne donne son royaume ou intimité dans l'oraison, qu'à « ceux qui ressemblent aux enfants par leur esprit de simplicité et d'humilité » (Marc, chap. 10, v. 15).

Je vous loue, ô Père, Seigneur du ciel et de la terre, de ce que vous avez caché ces choses (l'intimité avec Jésus dans l'oraison durant les actions les plus ordinaires) aux sages et aux prudents. Oui, je vous loue, Père, qu'après les avoir cachées, ces sublimités divines, aux ambitieux et pleins d'eux-mêmes, vous les avez révélées aux « petits » : à Thérèse et toutes les âmes humbles et simples qui lui ressemblent. (Luc, chap. 10, v. 21)

Point n'est besoin de fixer des heures spéciales d'oraison à ces légions d'âmes, se sentant poussées à suivre « la Petite Voie évangélique de Thérèse ». Tout leur sera une occasion de méditer, de faire oraison ; un sujet de penser à Jésus et de lui parler.

Voilà bien les personnes pieuses ne se trompant pas de route ». Elles s'efforcent de « descendre » de plus en plus vers la vallée fertile de l'humilité ».

Arrivées là, elles pourront dire avec Notre Sainte : « Ah ! dès à présent, nous le reconnaissons ; oui, toutes nos espérances seront comblées... oui, le Seigneur fera pour nous des merveilles qui surpasseront infiniment nos immenses désirs » (d'être ses intimes ici-bas par l'oraison et éternellement dans le ciel). *Histoire d'une Ame*, p. 199, en bas du portrait.

Si notre petite Reine, de son aveu, « dormait bien souvent pendant ses oraisons » ou les heures officielles consacrées à cet exercice, il n'en était plus de même durant les occupations matérielles de la journée. Ecoutez-la raconter, sur cette même page, la manière thérésienne de faire oraison.

« Jésus me nourrit à chaque instant d'une nourriture toute nouvelle ; je la trouve en moi sans savoir comment elle y est. Je crois tout simplement que c'est Jésus lui-même, caché au fond de mon pauvre petit cœur, qui agit en moi d'une façon mystérieuse et m'inspire tout ce qu'Il veut que je fasse au moment présent. » (Hist. p. 132 en bas ; p. 146 ; royaume de Dieu... en moi. Luc, 17, v. 21).

Oui ! c'est bien là cet état d'oraison, de perfection et de sainteté éternelle. Le grand Apôtre le résume en trois mots. « Christus in vobis ». « Le Christ vivant dans les siens ». (Coloss., ch. 1, v. 27 et 28).

Dieu lui-même ne peut rien demander de plus parfait, de plus saint de la part de faibles mortels comme nous (Ps. 102, v. 14 ; Vulgate) Aussi cet « Esprit » est-il envoyé dans le cœur de tous les vrais convertis, de tous les « humbles » à l'exemple de Thérèse et de Jésus-Christ lui-même. (Matth. chap. XI, v. 29. Gal., chap. 4, v. 6).

Le Sauveur désire d'un si grand désir, demeurer et vivre en nous. (Jean, chap. 17, v. 23 et 26 ; chap. 14, v. 23).

L'état d'oraison du grand Apôtre était si avancé, par cette méthode du « Christ en lui », qu'il pouvait écrire à ses chères églises de Galatie (1) : « Si je vis, ce n'est plus moi qui vis, c'est Christ qui vit en moi » (ch. 2, v. 20).

Rapprochez de ces paroles enflammées de l'Apôtre, le passage vraiment étrange que notre Thérèse lexovienne écrit dans le chapitre 8 de son Histoire, p. 146 : « Jésus n'a pas besoin de livres ni de docteurs pour instruire les âmes ; Lui, le Docteur des docteurs, enseigne sans bruit de paroles. Jamais je ne l'ai entendu parler ; mais *je sais qu'Il est en moi* » II, Cor. (chap. 13, v. 5).

Nous avons ici la clef d'un mystérieux aveu. Après nous avoir décrit une préparation à la sainte communion, elle conclut : « Tout cela n'empêche pas les distractions et le sommeil de venir m'importuner ; aussi n'est-il pas rare que je prenne la résolution de continuer mon action de grâces la journée entière, puisque je l'ai si mal faite au chœur » (Hist., p. 140 et 141). Donc, *action de grâces* durant la *journée entière* ?...

____

(1 Galates du mot Gaulois, lesquels étaient venus 3 siècles avant J. Christ s'installer dans cette contrée de l'Asie Mineure.

Vers la fin de cette page sublime et inspirée, 146, nous lisons : « A chaque instant Jésus me guide et m'inspire ; j'aperçois, juste au moment où j'en ai besoin, des clartés inconnues jusque-là. Ce n'est pas le plus souvent aux heures de prière qu'elles brillent à mes yeux, mais au milieu des occupations de la journée. » Donc, plus souvent au milieu des *occupations de la journée* qu'aux heures de prière ?...

Interrogée sur sa manière de sanctifier les repas, elle répondit : « Au réfectoire, nous n'avons qu'une chose à faire : accomplir cette action si basse avec des pensées élevées. Je vous l'avoue, c'est souvent au réfectoire qu'il me vient les plus *douces aspirations d'amour*. Quelquefois, je suis forcée de m'arrêter en songeant que, si Notre Seigneur était à ma place, devant les mets qui me sont servis, il les prendrait certainement, Il est bien probable que, pendant sa vie mortelle, il a goûté aux mêmes aliments ; il mangeait du pain, des fruits... Donc, c'est au *réfectoire*, pendant ses *repas*, qu'il lui venait *les plus douces* aspirations d'amour ?... (Hist. p. 276).

Suivent des « petites rubriques enfantines » (que la Sainte qualifie d'enfantines) et révélant chez Thérèse à quel degré d'oraison, d'intimité divine elle était parvenue : « Pensant toute la journée au bon Dieu… (pages 138, à propos des rêves pendant son sommeil).

Oui ! pourquoi ces aspirations d'amour, ces colloques intimes avec Jésus, ces inspirations lumineuses, l'humble Carmélite les éprouve-t-elle plus souvent pendant les occupations de la journée que pendant les heures de prière ?

Cette question intéresse tout particulièrement les personnes pieuses, vivant en dehors du cloître et occupées des intérêts de la famille.

Sainte Thérèse avait l'habitude d'ouvrir le Saint Livre des Evangiles, au hasard, notamment lorsqu'elle se trouvait éprouvée, angoissée, etc. (Son Histoire en témoigne, pp. 238, 370, 208, 146).

Il n'est pas téméraire de penser, qu'un jour, en tirant l'horoscope dans cet « Evangile qu'elle portait nuit et jour sur son cœur » (Hist., p. 305) son regard tomba sur ces paroles de l'Apôtre : « Ne savez-vous pas que vous êtes le temple de Dieu, et que l'Esprit de Dieu habite en vous… le temple de Dieu est saint, et vous êtes ce temple » (I Corinth., chap., 3, v. 16 et 17).

Quoiqu'il en soit, notre Sainte affirme la présence de Jésus en elle, Son cœur est devenu le « Temple du Sauveur, le royaume où Jésus ha-

bite ». Et pour nous convaincre que ce n'est pas
là une simple croyance théorique, une convic-
tion abstraite, Thérèse écrit : « Je comprends et
je sais *par expérience* que le Royaume de Dieu
est au dedans de nous... Je sais que Jésus est
en moi » (Hist., p. 146 ; Luc, chap., 17, v. 21).

La petite Reine a donc expérimenté Dieu,
touché une « réalité certaine au fond de son
cœur », pour citer le mot de Louis Bertrand,
p. 19, vie de Ste Thérèse d'Avila. Son Jésus
s'est révélé à elle comme vivant en son âme,
lui permettant ainsi, au milieu d'un fleuve de
paix et de joie, de faire « l'Expérience religieuse », dont nous avons parlé plus haut ; cette
Expérience du divin, du surnaturel que l'Apôtre confirme en ces termes : « Cet Esprit lui-
même rend témoignage à notre esprit — notre
conscience — que nous sommes enfants de
Dieu » (Rom., chap. 8, v. 16).

Cette révélation personnelle n'est pas un
vain mot. Saint-Paul « prie le Dieu de notre Seigneur J. Christ de donner aux communautés
ou églises chrétiennes d'Ephèse un esprit de
sagesse et de révélation (spiritum revelationis)
(Eph., chap. 1, v. 17 et 18).

Le Sauveur dit lui-même dans son Evangile :
« Personne ne connaît le Père, si ce n'est le Fils,

et celui à qui le Fils aura voulu le révéler » ;
il en est de même de la connaissance du Fils
(Luc, chap. 10, v. 22).

Il s'agit d'une connaissance intime, établissant des relations filiales de prédestination entre l'homme et son Dieu ; et non d'une simple connaissance intellectuelle et catéchistique, « dont la terre est remplie », (Rom., chap. 10, v. 18).

L'Esprit de Jésus-Christ se révèle ainsi aux siens par l'Expérience religieuse ou sa « mainmise » sur l'âme élue. (Phil., chap. 3, v. 12). À partir de ce jour, « Jésus habite dans ces chrétiens par la foi » selon Ephésiens (ch. 3, v. 17 ; Galates, chap. 4, v. 6).

C'est de ces âmes « saisies », dont parle saint Pierre lorsqu'il écrit : « comme des pierres vivantes, elles forment un édifice, un temple spirituel ; elles se trouvent revêtues de ce « sacerdoce saint, leur permettant désormais d'offrir des « sacrifices spirituels, agréables à Dieu par Jésus-Christ », et qui sont : adoration, louanges, actions de grâces, oraison, etc... (1 Pi., chap. 2, v. 4, 5, 9 ; Apocalypse, chap. 1, v. 6 ; chap. 5, v. 10 ; Crampon, note 5).

Contre ces vaillants, les puissances de Satan ne sauraient lutter efficacement. Ils possèdent en gage la « vie éternelle ». Jésus a étendu son

royaume jusqu'à eux ; nul ne les ravira plus de
sa main (Jean, chap. 10, v. 27 et 28). Les persé-
cutions les plus violentes, les écrits les plus
athées, les plus matérialistes à la « Georges
Clémenceau » ou M. C. Bouglé, n'auront plus
d'influence sur ces chrétiens éternels.

« Destinés, selon le bon plaisir de la Volonté
divine, à la louange de la magnificence de la
grâce » (Ephés., chap. 1, v. 5 et 6), ils rempor-
teront décisives et finales victoires sur leurs
ennemis de tous les siècles et que nous lisons
dans le chapitre 20 de l'Apocalypse.

MÉTHODE D'ORAISON

C'est perdre qu'il nous faut pour acquérir Jésus ;

(P. 266, 187).

Et descendre bien bas pour jouir des élus.

(P. 330 et 31).

Transformer en amour manger, dormir et boire,

(P. 267 et 76).

Répandre des vertus jusques au réfectoire.

(I, Cor., chap. 10, v. 31).

Jésus vit dans mon cœur. Il guide à chaque instant,
Sa petite Thérèse Il traite en chère enfant.

(P. 146).

Je lui parle de tout, constamment Il m'inspire
Comment diviniser ce monde qui soupire.

« Faire oraison, c'est aussi facile que de res-
pirer en plein air. C'est mener la vie de famille
avec Jésus, dès ici-bas, comme nous le ferons
au ciel. »

(A l'Ecole de Ste-Th., p. 7).

1928. Saint-Amand (Cher) — Imp. A. CLERC